過去と歴史

「国家」と「近代」を遠く離れて

岡本充弘

御茶の水書房

まえがき

この本は、ホロコーストや南京虐殺事件、広島・長崎への原爆投下、そしてヒトラーやチャーチルへの記憶という、第二次世界大戦期の歴史がどのように人々に記憶されているのか、ということから書き始められている。過去の事実がその存在を否定されたり、異なった解釈に付されたり、あるいは忘却されたりすることがある、という問題である。そうした問題は、現在の政治的状況やそれを反映した歴史研究や歴史教育のあり方、あるいは人々の歴史認識のあり方から生じている。

この問題は「歴史をめぐる戦い」(history war)、あるいは歴史認識論争、として随分と議論されてきた。その過程をあらためてたどりながら本書が問題として取り上げるのは、歴史の相対性という問題である。ポストモダニズムの議論、簡潔に要約するならば、近代が絶対化しようとしたことの相対化を論じた主張は、しばしば歴史の相対化の根拠を提供したとされる。ポストモダニズムの流れから生じた歴史の脱構築論は、本来は個々人によって異なるはずの過去認識が歴史として共同化されていることを問いなおした。そのことは本書で論じられていくとおりである。

しかし、本書はそのことをむしろ肯定的に論じている。個人を単位として歴史を相対化していくことが、近代以降の歴史、つまり欧米を中心とした近代社会の原理に支えられ、同時に国家的な枠組みによって推進されてきた歴史を批判的に捉えなおし、新しい歴史を切り開いていくだろうからである。そしてそのことが、復古的なナショナリズムとネオリベラリズムが猖獗をきわめる現在の社会のあり方への有効な批判を作り出す、と考えているからである。

歴史の相対主義を過剰に論ずることは、専門的な歴史研究者からは歴史修正主義のような保守的な主張を擁護するものであるという批判を浴びる。しかし、私は個人に立ち返り、人々の歴史認識の過程を克明にたどることこそが、これまでの歴史にあった恣意性を批判し、本当に有効な過去へのアプローチを生み出す、と考えている。記憶、パブリックな場にある歴史、個人から見た歴史、という従来の正統的な歴史学からは批判的に扱われてきた、あるいは閑却されてきた問題を本書が論じるのはそのためである。

歴史は個人個人によって異なる。個々の人々が社会化される過程で、あわせて日常の記憶や経験をとおして、個々人の中に形成されていく知だからである。そうした差異を意味づけることこそが、むしろ歴史をより理性的なものとする。いかなる真理であれ、それを一般的な人々が知的なかたちで受容しない限り、実用性をもたない。そのためにはどのような議論のプロセスが必要なのか、そのことを歴史を素材として考えてみたのがこの本である。

目次

第4章　歴史のかたち

第5章　記憶と物語

第6章　異なる視座

第7章　私たちの歴史、私の歴史

あとがき

人名索引

凡例

引用は「　」で示す

引用文中の『　』は原文の「　」を示す

引用文中の（　）は筆者による補足を示す

引用文中の・・・は略された部分を示す

引用文中の〈　〉は原文中の強調を示す

〔　〕は原文中の注記もしくは（　）を示す

過去と歴史

―「国家」と「近代」を遠く離れて―

序章

　西暦でいう二〇〇〇年から二〇〇一年までの間、私はイギリスに滞在していた。この間イギリスではいろいろな研究会が開催されていて、私はそのなかから自分の関心に近いと思われるものを選んで、積極的に参加した。なかでも熱心に参加したのは、ロンドン大学でほぼ隔週開催されていた、歴史理論、歴史認識、あるいは歴史哲学と言われるような問題についてのセミナーである。常時参加する十人程度のメンバーを中心としたこのセミナーで、最も中心的な話題になったのは、この本において中心的なテーマの一つとして扱われていくポストモダニズムの歴史理論と呼ばれるものである。

　ポストモダニズムについてはこの本の基本的なテーマとして様々なかたちでふれていくが、そのポストモダニズムの歴史理論との関わりのなかで、セミナーで常に引き合いに出され、議論の対象となったのは、ホロコーストをめぐる議論である。ナチスによるユダヤ人などの虐殺、アウシュヴィッツ収容所などで知られるホロコースト（日本では、本来は宗教的儀式にもちいられた用語であるこの言葉が一般的であるが、最近ではユダヤ人側からとられている表現であるショアーという言葉がよくもちいられるようになっている。しかし、この本では新聞などで一般的なこの言葉をもちいることにする）が、本当に実在したのか、という問題である。

実は私がイギリスに滞在していた時期は、世紀の変わり目ということもあって、二〇世紀を回顧する映像番組がテレビではさかんに放映されていた。やはりそのなかでは、第二次世界大戦にかかわるもの、とりわけナチズムにかかわるものが多く見られた。そのなかにはユダヤ人収容所の状況や大量虐殺の場面が含まれていた。関連して、ビルマ（ミャンマー）での日本軍による捕虜虐待の状況を映し出したフィルムや、それをめぐる旧日本兵士や旧捕虜の証言、さらにはそれをもとにしたいくつかの映画（その一つはかつてアカデミー賞を受賞し、私が子供の頃に日本でも上映されたデビット・リーン監督の『戦場にかける橋』であった）も放映された。

当然のことながら私はこの時期日本にはいなかったわけだから、日本でこれらの問題がどのように報道されたかは知らない。おそらくイギリスのように、ゴールデンアワーで真剣に、頻繁に取り上げられることは少なかったのではないか、と想像している。私の間違いかも知れないが、私はセミナーで発言を求められた時、イギリス人捕虜虐待の問題を例に、おそらく日本の若者はその話をよくは知らないのではないかと発言したが、この発言は参加していたイギリス人にとっては大変意外であったようである。というのは、先述のような映画ばかりでなく、旧日本軍による捕虜虐待の話は、イギリスのメディアが日本もしくは日本人について最も好んで取り上げるテーマの一つだからである。昭和天皇が死亡した際にも、私はイギリスに滞在していた。この時もまた、昭和天皇の死は捕虜虐待と結びつけられて報道されていた。

戦争の記憶の問題については、イギリスに滞在している時に、もう一つ興味深い出来事があった。それは戦争の記憶を薄れさせないために、政府（ブレア労働党政権）が積極的にその記憶を保存する運動を始めたことである。イギリスの中学生に対してとられたアンケートでは、ホロコーストへの記憶どころか、第二次大戦時のイギリスの指導者はヒトラーであったと答えた学生が五％（正解のチャーチルはわずか一七％）もいたという状況が、一つの前提として考慮されたのだろう。

戦争の記憶の風化は様々な問題を引き起こしている。ヨーロッパやアメリカでは新人種主義やネオナチズムが台頭し、社会のなかで一定の位置を占めつつある。日本の状況はより深刻である。日本に帰ってから、私は戦争の記憶の問題が、日本の社会できわめて大きな問題となっていることにあらためて驚かされた。というより、私たちの世代が抱いていた戦争の記憶（私は一九四五年に生まれた。したがって戦争を直接体験したわけではない。それなのになぜ私は戦争への記憶を保持しているのだろうかという問題は、この本の一つの重要なテーマとして扱われるはずである）が、大きく塗り替えられようとしていることに驚かされた。

典型的な動きの一つが、「新しい歴史教科書をつくる会」の歴史教科書問題である。それどころか、類似の主張は、現在では日本の代表的なマスメディア（それも一社ではない）の社論にすらなっている。そして南京虐殺事件の非実在は、彼らが好んで取り上げるテーマの一つである。

はたして、ホロコーストや南京虐殺事件は実際に存在した出来事なのか。それともたんに虚妄に過ぎないのか。もし存在していたものであるなら、なぜ恣意的に忘却されようとしたりするのだろうか。逆に言えば、これらの事件はなぜ共通の記憶として保存されているのか。もし存在していなかったとするならば、なぜそうしたものへの記憶が意図的、恣意的に作り出されたりするのか、といった問題は、日本の社会のあり方を考えていくためにはきわめて重要な問題である。

それ以上に私たちにとって重要なのは、歴史の意味とか、歴史の真実とは何なのかという問題を真剣に考えていくことだろう。とはいっても、実在していた（？）過去（の事実）を正確に認識するということは、実はきわめて困難な作業である。そこにはきわめて難しい論理的な作業がある。その前提には歴史とは何かという大きな問題がある。ふだん私たちが考えることが少ないそうした論理的作業を進めていくことが、この本のテーマである。このテーマを考えることは、私たちと私たちの社会にとって大きな意味があると私は考えている。そのことが読者に伝われればと思い、難しいテーマではあるが問題とされなければならないことを、できるだけ平易に書いていきたい。

第1章　歴史の事実？

第1節　アウシュヴィッツ・南京・広島・長崎

まずホロコーストを例にとって歴史の実在という問題について論じてみよう。ホロコーストは実在したのだろうか。おそらくこの問いに対しては、現在の日本ではその実在に疑義を唱える人はさほど多くはないだろう。というより、実在に疑義を唱えることに疑問をもつ人も多いだろう。大変皮肉なことに、「新しい歴史教科書をつくる会」の教科書では、「南京事件はあったとしても、ホロコーストのようなものではない」と記されている。南京事件の実在に疑義を呈するこの教科書の執筆者たちは、同じような非実在論のあるホロコーストについては、その実在を認め、子供に教えるらしい。自分たちには身近ではないホロコーストは実在したとされ、身近な南京虐殺事件は身近であるがゆえに否定されるというパラドックスがここにはある。随分と身勝手な歴史認識である。

厳密なかたちで議論を立てれば、私たち（とくに一九四五年に生まれた私）にとっては、ホロコーストは実在したとも、実在しなかったとも言える問題である。その理由は、私は目撃者ではない。したがって私たち（私）は、ホロコーストについての知識を他人の作った情報から得ている。確かにホロコーストについて、私たち（私）は、教科書や様々な文献、あるいは映像をとおして、その実在についての情報を得てきたが、それはあくまでも、文献や映像のうえのことでしかない。したがって、それを直接に経験しなかった私たち（私）にとっては、文献や映像の信憑性を疑うことによって、ホロコーストの非実在を主張することは論理的には可能である。

もちろん、直接的な経験者であれば話は異なる。『アンネの日記』の筆者であるアンネ・フランクをはじめ、ユダヤ人への迫害を実際に体験し、それを記録した人々は多い。映画『ショアー』に登場したように、今もなお生存している人々も僅かではあるがいる。彼らにとって、ホロコーストは確かに存在したものである。しかし、彼らの証言は、私たちにとっては、あくまでも数ある証言の一つでしかない。私たちのホロコーストについての知識は、彼らの表した証言、あるいはそれらをもとに二次的に作成された文献によって得られたものでしかない。その意味では第三者的な私たちにとっては、ホロコーストの非実在を論じた証言や文献と、「論理的には」等質的に扱われうるものでしかない。

同じようなことは、ビルマでの捕虜虐待事件、あるいは南京虐殺事件についても言いうる。私たちはそのいずれをも直接目撃したわけではない。確かに現在でも、虐待や虐殺を直接目撃したという人もいる。イギリスや中国のメディアは折に触れてそうした証言を取り上げている。あるいは軍務報告、従軍記録のような歴史的史料も現存する。これらの史料は、事件の存在を証明する根拠を提供している。

ここに一つのエピソードを書き加えておくと、私はウェールズの公立図書館のビデオコーナーでイギリス人の中年女性から、声をかけられたことがある。「日本人は本当にあなたたちに酷いことをしたのですね」というのが彼女の言葉だった。彼女が、そのコーナーで『ライジングサン』という旧日本軍の蛮行をおさめたビデオを手にとっていた私を、中国人と勘違いしたためである。

おそらくイギリス人や中国人の多くは証言や証拠を受け入れて、こうした認識を抱いているのだろう。しかし、そうした認識は、近年の日本の社会に共通する認識ではない（おそらく事件当時の日本の社会においても、共通する認識ではなかった。なぜなら事件にまつわる報道の多くは、統制されたものであったからである）。近年の日本の社会では、既にふれたように、事件が実在したという証言は虚偽であるとして、事件の非実在を論理化しようとする流れが確実に存在しているからである。

もしホロコーストと南京虐殺事件が論理的にはこのようなかたちで扱われうるものであるなら、そもそも広島や長崎に「本当に」原子爆弾は投下されたのであろうか。どうして私たちは原爆投下だけを確実な事実として認識しているのだろうか。なぜその実在に疑念を抱かないのだろうか。私たちの多くは原爆投下を直接目撃したわけでなく、映像、文献、証言をとおして認識しているのにすぎない。言うまでもなく、アウシュヴィッツにおけるホロコーストも、南京虐殺事件も、広島・長崎への原爆投下も、事件としては日中戦争・第二次世界大戦の時期に起きた事件であって、現在からみれば時間的には「ほぼ同時期に」起きた、戦争にまつわる民間人の大量虐殺という内容的には「同質的な」事件である。

だとすると、なぜホロコーストや南京虐殺事件は疑いえて、なぜ原爆投下は疑いえないのか。犠牲者の多寡なのか。もちろんそうではない。通常はホロコーストが最も多数の犠牲者を生み出したとされている。生存する証言者の多寡なのか。そうではないのだろう。実在を否定する人々にとっては、いかに多数の生存者の証言があっても、ホロコーストや南京虐殺事件、さらには従軍慰安婦の存在は、それでも疑いうる事実でしかない。

では同時代的な資料の多寡なのか。これもまたそうではない。精力的なこれらの事件についての「史料の探索」とその明示、「学問的な実証」にもかかわらず、疑う人々にとっては、これらの事実はそれでもなおその存在を疑いうるものでしかない。

あるいはイギリス人、中国人、ユダヤ人、そして韓国人・朝鮮人は過去のことを針小棒大に語る「虚偽を好む」民族で、日本人だけが過去の被害を正確に語っているとでもいうのだろうか。過去の加害を否定しようとしないアメリカ人は初代大統領の桜の木にまつわる逸話が示すように(といっても大変皮肉なことに、この逸話自体が現在では虚偽だとも言われている)、犯した過ち(過ちとしては認識されていないかもしれないが)を認める正直な民族であって、過去の加害の否定がいまや国民一般の中に浸透しつつある日本人には、不正直さという民族的特性があるということなのだろうか。

もちろんそういうことでもないはずである。であるなら、ホロコースト・南京虐殺事件と原爆投下の違いとは何なのだろうか。考えられうる一つの大きな違いは、前者は戦争終了直後に、その「事実」が重要な戦争犯罪と認定され、裁判をとおしてその事実に関与した人々の処罰が行われた、ということである。ホロコースト、南京事件は裁判によって国際的に犯罪として確定された。そしてそのことはまた、戦後のドイツや日本の社会のあり方を国内的にも、国際的にも規定することになった。戦後という枠組みが、つまり勝者の論理が後追い的に過去の事実を恣意的に認定しているのではないのかという疑問が、ホロコーストや南京虐殺事件の非実在論の背景にはあるのだろう。

第2節　疑うことのできる事実・疑うことのできない事実

裁判による判断が確立されたからといって、それは必ずしも事実とはなりえないとする議論は、「論理的には」必ずしも誤りではない。なぜなら裁判によって確定されたことのみを真実だとするならば、大逆事件と言われる天皇暗殺への集団的陰謀は実在したことになる。一九三三年のドイツ国会への放火は共産主義者によって実行されたものとなる。多くの社会で行なわれてきた独裁政権確立のための政治的フレームアップは、フレームアップではなく、反体制派の暴力性・危険性を示す事件となってしまう。逆に冤罪が認められた事件には真犯人がいなかったことになる。それ以上に、中世には無数の魔女が実在したことになるし、キリストも人心を惑わす詐欺師になってしまうからである。

これらは歴史上の絶対的な真実であったわけではない（といってもとりわけキリスト教徒には申し訳ないが、逆に真実であったことが絶対にありえないわけでもない）。私たちはこうしたことが疑いうることを知っている。しかし、裁判で確定されたことであるがゆえに、それは事実ではないと言うのは、これもまた主張としては奇妙である。なぜなら言うまでもなく、私たちは通常は多くの犯罪について、裁判所によって（実際には刑が最終的に確定されるまでは警察やメディアによって）社会的に下された判断を事実として受け入れているからである。警察によって犯人が特定され、メディアがそれにまつわる出来事を報道し、やがては裁判所によって刑が確定される諸々の事件は、私たちにとってはふだんはその実在を疑うことの少ない確たる事実である。

だとすると、なぜホロコーストや南京虐殺事件の実在は疑いえて、オウム事件や諸々の事件の実在は疑いえないのだろうか。過去と現在の違い、つまり時間の経過という問題なのだろうか。そうとも言えないはずである。というのはもしそうであるのなら、既にふれたように、ホロコーストや南京虐殺事件とほぼ同時期に起きた広島・長崎への原爆投下の実在もまた疑いうるはずだからである。オウム事件も、論理的には「六十年後」にはその実在を疑いうる事件になる。

疑いがたんに時間的経過に還元できるのなら、問題はきわめて単純になる。より大きな時間的経過を経たものがより疑いうるのなら、六十年前の事件より六百年前の事件のほうがより疑いうるだけだからである。ホロコーストや南京虐殺事件ばかりでなく、広島・長崎への原爆投下も六百年後にはその実在そのものまでもが疑われていくことになる。時間的な経過が過去の実在を曖昧なものとしていくのなら、歴史は現在とは異なり、時間の経過とともに常に不確かさを増幅させていくものでしかない、ということになる。

時間の経過は、かつて存在していた記憶を亡失させる。直接的に事件に関与した人々は、必ず死に絶えていく。事件の直接的関与者の時間的経過に伴う不在化は、常識的にはしばしば過去の不可知性の、重要な根拠として論じられている。しかし、私がここで述べておきたいのは、そうした不確かさは過去に固有なものではない、ということである。既に論じたように、仮に直接的関与者が現存していたとしても、直接的関与者の証言によって認識される事実は私たちにとっては間接的なものでしかない以上、直接的関与者の証言を疑いさえすれば、その直接的関与者が生存しているにせよ、いないにせよ、事実は疑いうるからである（多くの生存している旧従軍慰安婦、南京虐殺事件の被害者、あるいはそれに関与した元軍人の証言を公然と無視することができる）。その意味では、六十年前の事実ばかりでなく、六年前の事実も、さらには六日前の事実もまた、私たちにとっては論理的には疑いうる。

オウム事件を例にとってみよう。例外的な人を除けば、もちろん私たちはこの事件に直接関与したわけではない。したがって私たちがオウム事件は実在したものであると認識しているのは、この事件を報道したメディア、つまり映像や文献をつうじて「事後的に」「間接的に」である。

六十年前の事件についても認識の構造は実は同じである。その時代の人々がホロコーストや南京虐殺事件、そして広島・長崎への原爆投下を認識したのは、直接関与した例外的な人々を除けば、事件を伝えた映像や文献をとおしてである。したがって認識の媒体となっている映像や文献の真実性を疑えば、同時代の出来事であっても、事実そのものの存在をも「論理的には」疑いうる。たとえそれが僅か六日前の殺人事件であっても、「論理的には同じ」である。過去の実在が時間的経過とともに相対化されるということは、確かに私たちが日常的に実感していることではあるが、論理的にはあまり正確な認識ではない。

むしろ論理的には、認識が間接的なものであるなら、（現在と呼ばれる）近い過去も、（過去とされている）遠い過去も、私たちにとっては同一のものでしかない。再び六日前の殺人事件を考えてみよう。私たちがその事件についての知識をどうして保持するのかと言えば、それは事件を伝えた新聞を読み、テレビを見たからである（くわえて事件についての噂を知人たちと交換したりしてではあるが、その噂自体は新聞やテレビで報道されたことが元になっている)。

六十年後の歴史家がまったく同じ(量の)新聞を読み、(ビデオ史料として残された)同じ(量の)テレビを見た、と考えてみよう。その場合、彼らの認識のプロセスは私たちとまったく同一である。であるなら、同時代に生きていた私たちと、六十年後の歴史家は認識のプロセスというレヴェルにおいては、論理的には同一である。同時代に生きていた私たちの認識のほうが正確であるということは、論理的には成り立たない。それどころか、間接的なものではあっても(繰り返すことになるが、この点は同時代人も同じである)正確な認識の根拠となる多くの情報(もちろんそのなかには同時代人が知りえなかったものもある)に接することのできた後代の人々のほうが、同時代の人々より認識の正確度のレヴェルでは高い、ということも論理的には成り立ってしまう。

卑近なことを言えば私の叔父は、私が子供の時に、日本が敗北したら男性はすべて去勢されると信じていた、と語ってくれたことがある。この話を信じていたのは、私の叔父ばかりではないだろう。敵対国のアメリカやイギリスについての正確な知識は、当時の日本人にはなかった。多くの情報が統制され、メディアがそれを管理して画一的なかたちで報道していたからである。当然のように叔父のように従軍をせず戦争中に生きていた人々は、日本軍が中国大陸やビルマでどのような行動をとっていたかを知らなかった。それはソ連の人々が、大粛清の時代に、直接的な関与者を除けば粛清の実態を現在の私たちほどには知りえていなかったのと同じである。

実は多くの歴史家が立っているのは、こうした立場である。多くの歴史家は、当時に生きていた人々より、より多くの史料(情報)に接し、それを客観的に認識しているがゆえに、事実についてその時代に生きていた人々よりも、正確な認識をしていると自らを考えている。そしてこうした認識は、歴史家のみのものではない。私たちの過去についての考えと実は共通したものなのである。私たちは、意外なことに、しばしば自らを当事者よりも事実を客観的に知りうる立場にあると考えている。

だとすると、時間的経過（証人の不在化）を過去の不可知性の根拠とすることは、それほど論理的なわけではない。過去も現在も、事実が正確に認識されているか、されうるか、という点に関しては、論理的にはさほど変わりがあるとは言えない。なぜ私たちは過去を疑い、現在を疑わないのだろうか。同じ過去でも、なぜ南京虐殺事件の実在を疑い、広島・長崎の実在は疑わないのだろうか。

ここで一つの仮定をしてみよう。それは私がオウム事件の実在を疑い、それらの存在を否定する講義を教室でした、とする仮定である。おそらくこの講義の内容が世間に知られるところになれば、私は大きな批判にさらされ、大学の教員という立場を維持していくことはかなり困難になるだろう。同じことは、広島・長崎への原爆投下の実在を否定する講義をした場合にもあてはまる。

しかし、仮に南京虐殺事件の実在を疑い、その存在を否定する講義を教室でした場合はどうだろう。おそらく、とりわけ歴史学界の同僚たちから批判を受けることはあっても、職業的地位までもが脅かされることはないだろう。それどころか、いくつかの大新聞に原稿を執筆し、テレビに出演する機会を得られるかもしれない。私は知名度の高い、そして一定のアルバイト収入のある、大学教員の一人になれるかもしれない。コメンテーターくらいにはなれるかもしれない。

とはいっても、ホロコーストについてはやや話は異なる。もし私が教室でホロコーストの実在を否定したら、というよりも実例を挙げよう。もし、ある人が新聞や雑誌でホロコーストの実在を否定したら、その人物はその社会的地位を追われることもある。日本を代表する出版社の編集者は、そうした知見を紹介したがゆえにその地位を追われた。もし「新しい歴史教科書をつくる会」の教科書が、「ホロコーストはあったとしても、南京事件同様に言われているほどの大虐殺ではなかった」と記していたなら、この教科書は近隣諸国ばかりか、ヨーロッパの諸国から、そしておそらくはユダヤ人の影響力が今なお高いと言われるアメリカのメディアからも激しい批判を浴びただろう。そして一部の執筆者は、前出の出版社の編集者と同様に、大学教員としての地位を維持することが困難になったかもしれない。

このように事実の不可知性は、事実自体の属性として単純に存在しているわけではない。それが過去であるか、現在であるか、ということにあるわけでもない。社会が、それぞれの事実に対してどのような態度をとっているか、という問題なのである。南京虐殺事件を疑うことは許容されていても、広島・長崎への原爆投下の実在を疑うことは許容されえない、という問題なのである。社会が、社会を構成する諸個人にどのような認識を強いているのか、という問題でもある。歴史が過去に関する言説であり、それゆえ相対的であるという主張は、それ自体としてはかなり恣意的なものでしかない。

第3節　知らない事実・存在していなかった事実

南京虐殺事件、ホロコースト、広島・長崎への原爆投下、さらにはオウム事件を例にとりながら、疑うことのできる事実、疑うことのできない事実、という問題をまず論じてみた。特殊な哲学的論議、歴史認識をめぐる論議にふだん触れることの少ない一般的な読者にとっては、意外な展開であったと思う。

広島・長崎への原爆投下や、多くの人が当然の事実として受け入れたはずのオウム事件などの諸事件の実在を疑うということなどは、通常は考えつかないことだからである。

実は私も疑っていないのかも知れない。その理由として私が序章で書いた文章を引用してみよう。「イギリスの中学生の対してとられたアンケートでは、ホロコーストへの記憶どころか、第二次大戦時のイギリスの指導者はヒトラーであったと答えた学生が五％（正解のチャーチルはわずか一七％）もいたという状況」と序章では書かれているのである。

似たような例をここでもう一つ紹介しておこう。『なぜ歴史に関わりあうのか』（*Why Bother with History?*, 2000）を書いたサウスゲイトは、先に紹介したロンドン大学でのポストモダニズムにかかわる歴史理論のセミナーに積極的に参加していた人物であり、ポストモダニズムへの一定の親近感を示している歴史学者の一人である。『なぜ歴史に関わりあうのか』もそうした立場から書かれている。この本の書き出しもまた、現在では第二次世界大戦に対する認識すら曖昧になっていて、「アメリカでは五九％の人が広島への原爆投下を知らない」ということの指摘から始まっている。

以上の二つの事例では、あることが前提とされている。つまり「正解のチャーチルは」ということには、歴史には正しい事実があることが、「五九％の人が広島への原爆投下を知らない」といったことには、原爆投下ということ自体は「歴史上の事実」であるが、歴史の事実はすべての人の知るところではない、ということがその前提となっている。

これに対して「日本では五九％の人が南京虐殺事件は存在しなかったと考えている」という文章を考えてみよう。この文章が意味するのは、五九％の人が事実の実在を否定しているということである。この数値はもちろん私が対比のためのパロディとして挙げているものに過ぎないけれど、「世界的」にはとんでもない非常識な数値であっても、おそらく現在の日本の思想的状況ではあながち誇張されたものでもないのでは、と私は考えている。

この数値の信頼性はともかくとして、ここで重要なのは、認識主体と認識対象の関係には二つの枠組みがあることである。認識対象が認識主体に知られていない、つまり認識主体が認識対象を認識していない、ということのなかにも、認識対象の先験的な実在が前提とされている場合と、認識対象の実在自体が問題とされているという場合があることである。

こうした違いは、既に論じたように上記の例で言えば、認識対象（事実）の側の問題ではなく、認識主体（この場合はアメリカと日本の社会）の側によって引き起こされているものである。アメリカの社会で広島への原爆投下という事実が多くの人によって知られていないのは、「原爆記念日」という行事が毎年行なわれ続け、原爆投下という事実を記憶として共同化する作業が行なわれ続けている日本に対して、アメリカにおいては日本ほどには行なわれていない（その代わりにアメリカではイラク戦争においても戦争を推進していくためにまた持ち出されたように、日本軍の真珠湾攻撃は記憶として共同化され続けている）からである。

同じように、日本の社会で南京虐殺事件という事実を多くの人が実在しなかったものと考えているのは、虐殺の被害者であったという事実を記憶として共同化する作業が毎年行なわれ続けている中国に対して、日本ではそのことが行なわれていない（あるいは行なおうとしない社会的圧力が影響力をもっている）ためであり、そして意図的な記憶の亡失によって、事実自体が「そのことを知らない」というものから、「実在しなかった」ものへと移し変えられるようになっているからなのである。

第4節　歴史認識の相対性

戦争にまつわる歴史認識の問題を最初に取り上げてきたのは、歴史認識の相対性という問題を論じるためには話題として最もわかりやすいからである。ここまでの例でもわかるように、戦争の記憶という問題は、ナショナリズムと深く結びついている。国家によって、国民に強いている歴史の内容が異なることは、あるいは別の表現をとれば、どの国家に属しているかによって人々の歴史認識が異なるということは、常識的に了解されている。

過去の記憶を、社会が記念行事や記念日の設定、記念碑、博物館、遺跡の保存などを通じて共同化していく作業は、最近では「コメモレーション」（commemoration ― 共同記憶化と訳してもよいだろう）と呼ばれている。第二次世界大戦に関するコメモレーションの問題を論じた『戦争を記憶する』という本で、歴史認識とナショナリズムについて藤原帰一は興味深い問題を論じている。それは広島への原爆投下についての記憶の共同化のされ方が、アメリカと日本では内容的に大きく異なる、という問題である。藤原の言葉をそのまま引用すると、

「ここでは、まるで異なる二つの戦争の記憶が語られている。日本にとっての広島が戦時大量殺戮の頂点であり、核時代の恐怖の始まりであったとすれば、アメリカにとって原爆投下は、戦争終結の喜びと戦勝の栄光に結びついていた。核兵器を、さらには戦争を絶対悪とする教訓を、多くの日本の住民は

広島の被爆から引き出した。同じ事件が、アメリカの少なくない人々にとって、戦争による正義の実現として記憶されていた」（四頁）という問題である。

最初にもふれたように、一九四五年（一一月）に生まれた私にとって、原爆投下という事件は直接経験した事件ではない。藤原の言葉を借りれば、『忘れず、憶え続ける』という名のもとに特定の世界観を伝授する過程」として「経験をもたない」私にもその「経験が伝え」られ、私の中に「記憶」として存在しているものである。私たちにその記憶を強いたものは、戦後民主主義というナショナリズムであったというのが藤原の主張である。

藤原の主張の当否はともかくとして、戦後民主主義と呼ばれた時代に育った私にとっては、原爆の投下が正義を実現する手段であったというアメリカ人の意見は、まったく受け入れる必要がない。多少好意的に解釈するなら、原爆投下もまた非武装の女性・子供を含む一般市民の大量殺傷や暴力行為が参戦国によって当たり前のように行なわれていた第二次世界大戦期の出来事の一つであった、と言えるかもしれない。しかし、厳しい言い方をすれば、アメリカの言語学者であるチョムスキーが、『テロの帝国アメリカ―海賊と帝王』で事実を逐一例示するかたちで批判している、先住民の除去に始まって、アメリカの社会によって現在も繰り返され続けている（正義の名のもとで一般市民を公然と殺傷する）歴史的なテロリズムの、その一つの出来事であったと言えるだろう。

しかし、こうした私の意見は、残念なことに、世界の人々が共通に受け入れるところのものではない。というのは、とりわけ日本の侵略の対象となっていたアジアの人々の認識は異なるものだからである。

原爆が投下された時点では、東南アジアはもちろんのこと、中国大陸においても、朝鮮半島においても、なお日本軍がかなりの兵力を有するかたちで存在していて、（一般市民への暴力的な行為が含まれていたであろう）抑圧的な行為を続けていた。

もし原爆が投下されずに戦争の終了がさらに半年なり、一年遅れていたら、その時点でアジア地域に残されていた日本軍がもたらしていたであろうアジアの民衆に対する加害行為は、原爆が投下されなかった場合より多かったかもしれない。日本の侵略下にあったアジアの民衆にとっては、八月一五日の日本のポツダム宣言受諾は、彼らが解放された日であった。広島・長崎への原爆投下は、その時期を早めた出来事であった。

このように戦争の記憶という問題を例にとると、歴史認識がそれぞれの社会によって異なる相対的なものであることは理解しやすい。歴史認識は相対的なのである。原爆投下という事実が存在したことについては合意があっても、その事件の解釈はアメリカと日本とアジアといった集合化された認識単位によって、それぞれに異なる。

しかし、ここで南京虐殺事件に話を戻すと、ここでの問題は、認識対象となっている事実そのものの実在が相対化されていることである。原爆投下も南京虐殺事件も、それが過去の事実であるという点では、本来は同じもののはずである。本来は過去の事実という点で同じであったものが、認識する側によって、存在していなかったものと、存在していたものに区分され、絶対的な事実と相対的な事実に区分されるという問題は、解釈の相対性とは明らかに異なる。

私がこの本を書こうと思い続けてきた理由は、実は解釈の相対性ではなく、歴史認識における事実自体の相対性という問題を考えてみたいと思ったからである。事実の実在自体を疑うことが可能であるのなら、南京虐殺事件という「実在した事実」も疑いの対象となり、そしてあたかも「実在しなかったもの」であるかのように取り上げられてしまうことも可能である、という問題を考えてみたかったからである。実際に現在の日本では、南京虐殺事件は実在しなかったと五九パーセントの人々が考えているという実態は、「実在した事実」が容易に「疑いうる事実」に、そして「存在しなかった事実」へと変化していくことを示している。

このような過去認識の不安定性、少し言葉を変えて言うと、過去の不可知性・歴史の相対性の根拠はどこにあるのだろうか。その根拠は、ここまで指摘してきたような、過去が既に実在していない、という意味での、時間的経過、過去の間接性、というようなことにあるのだろうか。くわえてこのことにも言及したが、認識主体の差異、ということにあるのだろうか。

問題がそのことに尽きるのなら、私はこの本を書かなかっただろう。なぜなら、そのようなかたちで問題を立てるだけなら、ここまで論じてきたように、一定の時間が経過し、既に私たちにとって間接的な事柄になっているホロコーストや南京虐殺事件、広島・長崎への原爆投下についての認識が認識主体によって（つまりそれぞれの人がもつ国家への帰属意識やイデオロギーによって）相対的なことは、当然のこととされてしまうからである。そしてその相対性が、事実の解釈ばかりではなく、事実そのものの存否に及ぶこともまた当然のこととされてしまうからである。

そのように解釈のみにとどまらず、歴史の相対性が事実自体の存否に及ぶのなら、歴史は過去の事実を確定し得ないという意味で、とめどもなく相対的なものとなってしまう。最初に私が述べたように、広島・長崎への原爆投下を疑うことも可能だからである。このことは逆に、歴史が成立するためには疑い得ない事実というものが成立することが必要であることを意味する。それでは疑い得ない事実とはどのようなものなのだろうか。疑い得ない事実はあり得るのだろうか。

第2章　記憶と歴史をめぐる闘い

第1節　ホロコーストの実在？

　前章で述べたように、私がこの本を書こうと思った動機は、私にとっては確たる事実であったはずのホロコーストと南京虐殺事件という戦争にまつわる事実が、様々なかたちで相対化されようとしている現在の状況を、新しく問いなおすためにである。

　はたしてホロコーストや南京虐殺事件の実在は、確定しえない、認識者の主観に左右される相対的なものなのだろうか。ドイツ人にはドイツ人の歴史認識があり、ホロコーストの実在を否定するのは当然のことなのだろうか。日本人には日本人の歴史認識があり、南京虐殺事件の実在を否定するのは当然のことなのだろうか。こうした問題を考えていくために、ここではホロコーストや南京虐殺事件をめぐる議論を具体的に検討していくことにしよう。

まず議論を「日本ではその実在を否定する人はほとんどいない」ホロコーストから進めてみよう。ホロコーストについては既にふれたように、「新しい歴史教科書をつくる会」の教科書もまたその実在を認めている。いわゆる歴史修正主義者の一部もその実在を認めている。それどころか、南京虐殺事件を相対化するために、その内容を強調すらしている。たとえば『問われる日本人の歴史感覚』などの著作をとおして、歴史教科書は必ずしも学問的事実に忠実である必要はなく、国民の物語であってよいとした坂本多加雄は、

『『ホロコースト』が人類史上まれな巨大な犯罪であることは、言うまでもないこと（であり）、・・・『ホロコースト』の被害者を『戦争』の犠牲と考えることは、そもそも、事実認識のうえで間違っている。ナチス・ドイツは、戦争遂行の過程で、戦闘行為に付随する形で多数のユダヤ人を殺害したのではない。全ヨーロッパから、ユダヤ人を排除することそのことが、ナチスの当初からの政治的目標だったのである。よく知られているように、当初ナチスは、マダガスカル島にユダヤ人を移送することを計画していたとされている。こんな計画が輸送能力その他を考慮した場合、はたして実現可能であったか否かは別として、その後、ナチスはユダヤ人の物理的絶滅へと方針転換する。一九四二年一月のヴァンゼー会議における『最終解決』の決定がそれである。・・・

『ホロコースト』は、戦争遂行の努力を妨げるかもしれないという懸念にもかかわらず実行されたのであり、したがって、その犠牲者は『戦争』による被害者なのではなく、大規模な一方的殺害行為の犠牲者なのである。ナチス親衛隊の指導者ヒムラーが、ユダヤ人虐殺の仮借ない遂行に言及して、『これをやりぬき、しかも人間的弱さのために生じたいくらかの例外を除いてはあくまで見苦しい態度を見せ

なかったこと』は『われらの歴史の栄光の一ページである』と語ったとされることは、それが、イデオロギー的な確信犯による想像を絶した犯罪であることを物語って余りある」（この後半の引用部分はアーレントの主張に依拠している）（四一、四六〜七頁）と確言している。

確信の根拠を坂本が何に置いているかはさておいて、坂本の見解とは異なってホロコーストの実在を否定する議論、あるいはそれを過小評価しようとする議論は、欧米において少数ではあるが実は執拗に存在している。そうした議論を紹介しようとしたために引き起こされた事件が、既にこの本の最初にも紹介したような、日本を代表する出版社（現在も南京虐殺事件に対する否定的論陣をはる雑誌を刊行していることでも知られる）が引き起こした一九九五年の『マルコポーロ』事件である。

この事件は『マルコポーロ』誌の廃刊と編集長の解任・退社、というかたちで決着がつけられた。問題となった記事の主旨は、「ナチスが計画していたことはユダヤ人を戦後東方に強制移動させることであり（「最終的解決」）、強制収容所はそのための準備施設として建設されたものであり、ユダヤ人の絶滅を計画するものではなかった」、「しかし、戦争の敗北によりこの計画は実現されず、また戦争末期の混乱により、収容所の衛生状態が悪化し、収容者がチフスなどにより大量に死亡し」、それを「戦後連合軍が『ガス室』による大量虐殺の犠牲者であると発表した」というものである。そしてその根拠として挙げられたことは、（1）証明文書の不足、（2）証言の信憑性の欠如、（3）大量殺害の技術的な問題といった点などである。

私は引用についてあえて執筆者の名をあげなかった。理由は、この議論は記事の執筆者によるオリジナルなものとして提起されたものではないからである。ここで挙げられているような論拠、ある立場から繰り返されているホロコーストの非実在論の論拠を「信じさえすれば」、ホロコーストに直接に関わりの薄い日本人の誰でもが同じ立場に立つことができるからである。

おそらく執筆者はそれを「目新しい議論」として信じ、原稿の掲載を受諾した編集長は、商業的な理由から、あるいはイデオロギー的な理由から、ホロコーストの非実在論が「論理的には成り立つ」ことを日本に紹介したかったのだろう。

またその際にも紹介されたように、ホロコーストの非実在論はたんにネオナチズムという思想的潮流によってのみ主張されているわけではない。ホロコーストの非実在論者が自らの主張の根拠としてしばしば挙げるように、ホロコーストの非実在を最初に主張した人物の一人は、ポール・ラスィニエという、第二次大戦以前はフランス共産党、ならびに社会党左派に所属し、レジスタンスに参加し、ゲシュタポに捕えられ強制キャンプに収容されたことのある人物であったし(その後反ユダヤ主義に転じ、一九六七年に死亡した)、思想的には左翼的と言われる立場からの、あるいは反イスラエルの立場に立つアラブ社会からの、ホロコーストの実在に疑問を唱える主張が存在していないわけではない。

しかし、基本的にはホロコーストの非実在論は歴史修正主義、あるいは歴史見直し論という立場から行なわれている。そう呼ばれるのは、そうした主張に立つ人々が一九七八年にアメリカ（ロサンゼルス）で「歴史見直し研究所」（Institute for Historical Review = IHR）を組織し、一九八〇年からは『歴史見直し雑誌』（*The Journal of Historical Review*）を刊行し、ホロコーストの非実在、あるいはその過小評価、相対化を試みるための国際的な活動を続けているからである。

第2節　非実在論の論拠

自らの母親もまたアウシュヴィッツで死亡したフランスの歴史家P・ヴィダル＝ナケが、母親に捧げるものとして一九八七年に著した『記憶の暗殺者たち』は、当時欧米において急速に受け入れられつつあった（より正確に言えば、言説として一つの立場を確保しつつあった）上述のようなホロコーストの見直し論を、「歴史修正主義」として激しく批判する立場から書かれたものである。

ナケは、「歴史修正主義者たち」は皆多かれ少なかれ、きわめて単純な原理を共有することを指摘する。『マルコポーロ』誌でとられた主張と重なるところがあるが、その基本的骨子は、

（1）ジェノサイド、毒ガス室は存在しなかった、（2）「最終解決」とは東欧方面への「ユダヤ人の追放」、あるいは本来の出身地への「送還」であった、（3）ナチズムのユダヤ人犠牲者の数は実際には言われているよりずっと低く、その死因は強制収容所にのみ由来するわけではない、（4）第二次世界大戦の重大な責任はヒトラーのドイツにのみあるわけではなく、ユダヤ人側にも責任があった、（5）一九三〇年代ならびに四〇年代における人類の重大な敵はナチス・ドイツではなく、スターリンのソ連であった、（6）ジェノサイドは連合軍の、主にユダヤ人の、それもとりわけシオニズムのプロパガンダによって作り出されたものである、

といったものである。（四〇頁）

またその根拠としてもちいられている論理は、

（1）一人のユダヤ人によってもたらされる直接の証言はどれも嘘か作り話である、（2）解放後の証言あるいは資料はどれも偽造である、無視してよいか、「噂」扱いにしてよいか、そのいずれかである、（3）ナチスの方法について直接の情報を教えてくれる資料は一般にどれも、偽造か、ごまかしのある資料か、そのどちらかである。（4）直接の証言をもたらすナチス関係の資料はどれも、コード化された言語でそれが書いてあれば、その名目価値で受けとめられるが、（過激な内容の）直接的な言辞（たとえばゲッベルスが日記にユダヤ人を撲滅すべきだと書いていたような事実）は無視、もしくは過小評価されるべきである、（5）戦争の終結後にナチスによってもたらされた証言はどれも（いかなる裁判で行なわれたにせよ、いかなる時期に行われたにせよ）拷問の下でか、脅迫によって得られたものである、（6）大量毒ガス殺人が不可能であること示すための、似非科学的な議論、（7）非存在的な議論（存在していないから存在はしていない、といった議論）、（8）自らに都合の悪い事実はすべて無視するか、改竄する、

といったものであるとされている。（四五～九頁）

このナケの主張を私がここで結論としてしまえば、ある読者からみればこの本はきわめて一方的なものともなってしまう。逆にナケの議論の問題点のみを指摘すれば、一方の読者の側から厳しい批判を受ける。そのことを前提としながら、ナケの批判を、そしてその批判をとおしてホロコーストの非実在論という議論の大筋を示したのは、「歴史的事実」を実在しなかったものとするためにはどのような「論理」がもちいられうるのか（もちろん「歴史的事実」の実在もまた、なんらかのかたちで「論理」的な証明を必要とするものであるのだが）、ということを示しておくべきだと考えたからである。

ここで述べておきたいことは、ホロコーストの非実在という主張は、以上のように「論理的には成り立つ」ことである。そうした「論拠」を信じさえすれば、誰もがホロコーストの非実在論者になることは可能である。同じことが南京虐殺事件に関しても成り立つ。というより実際に、南京虐殺事件の非実在という議論は、きわめて一般的なものとして私たちの社会に存在している。南京虐殺事件の実在の否定にみられるような思想的流れを、『歴史／修正主義』という著作をとおして厳しく批判する高橋哲哉が繰り返し指摘するように、同質的な論理をもちいている南京虐殺事件の非実在論者の多くが、ホロコーストに関してはなぜその実在を確信した文章を書くのか理解することは難しい。

第3節　過ぎ去ろうとしない過去

しかしながら、南京虐殺事件の実在を否定することが「国民」総体が取るべき言説であるかのような議論が横行している日本とは異なって、ホロコーストの非実在論というような議論は、ドイツやヒトラーの出身国であったオーストリアでは一般的なものではない。法律で禁止されているからである。オーストリアでは一九九二年に改訂されたナチス禁止法によって、「印刷物、放送やその他のメディア、あるいは多くの人に影響を及ぼす他の手段によって、ナチスの人種殲滅や人道に対する罪の否定、その矮小化、承諾または正当化を試みる者はこれを処罰する」とされており、またドイツでもナチスによって行われた犯罪を肯定する発言は、一九八五年以来処罰の対象とされていて、一九九四年に改訂・施行されることになった刑法では、「ナチス統治下の行為を承認、否定または矮小化する者はこれを最高五年の禁錮刑で処罰する」と定められている。

先にあげた著作で、ホロコースト評価の修正、歪曲を行ない、「記憶を暗殺」しようとしている人物であるとしてナケが激しく批判しているロベール・フォリソンの議論を、チョムスキーが、彼はきわめて急進的な立場からアメリカの政策を強く批判している人物だが、主張自体としては行われることをむしろ容認している（もちろんそのことをナケは強く批判している）ことに示されるように、いかなる主張であってもそれは法によって禁止されるべきではない、という主張には正しさがある。個人的に言えば、法によって禁止されるべき問題ではない、と私も考えている（もし法律による禁止が正当化されるなら、あえて極論すると、歴史の中で数々の虐殺を正当化する起因となったキリスト教をはじめとする多くの宗教もまた禁止されるべきだということになるからである。もちろん立場によっては、共産主義もその対象となるからである）。

しかし、上述のような社会的規制の存在にもかかわらず、ドイツにおいてもホロコーストをことさら取り上げる歴史観の否定、さらにはより幅広い意味での第二次大戦期のドイツの行動の一方的断罪に対する批判が、近年ではかたちをあらためて存在するようになっている。それは高橋哲哉が『歴史／修正主義』において指摘しているように、

『ドイツ人』は『無実』だった。あの戦争では『苦難を強いられ、多くの同胞を失い』もした。ところが戦後、『政治的な理由』から『ドイツ人だけ』が『犯罪者』扱いされ、…『五〇年近くも馬鹿をみて』きた。『大虐殺』は『科学的にありえないこと』であり、『歴史の虚偽』であって、我々の主張こそ『真の歴史』であることを知るとき、『ドイツ人』は解放されるであろう」（同書、三頁）

といった主張が、一部では「大衆の心を捉えて」いるからであろう。保守的な言説として一定の社会的基盤をもつようになっている（日本におけるほどではないだろうが）からだろう。

そうしたなかで生まれてきたのが、ホロコーストについての全面的否定論ではなく、相対化論的な議論である。つまりホロコーストの実在は認めるけれど、その評価を相対的なものとしていこうとする議論である。その一つの例が、「ドイツ歴史家論争」と呼ばれる論争であり、その内容は『過ぎ去ろうとしない過去』という本をとおして日本にも翻訳・紹介されている。

この論争は、論争の中心人物となった歴史家のノルテが、一九八六年にある討論集会に発表しようとした講演内容に対して、現代社会に対する鋭い批判で知られる（そしてそうした批判を通じて社会の新しい方向性を議論していることでも知られている）哲学者のハーバーマスが激しい批判を加えたことをきっかけに、歴史家ばかりか哲学者、社会学者などを巻き込むかたちで行なわれた。

ノルテの主張は、「過ぎ去ろうとしない過去」と題された講演の予定稿、および既に一九八〇年に発表されていた「歴史伝説と修正主義のはざま」という文章などに要約的にまとめられている。その基本的な論点は、ホロコーストなどのナチスの行為（それは結果的にはその当時のドイツが国家全体として行なった行為でもあったが）を、歴史的には特殊なものとはみなさない、とするものである。歴史上の政治的動機にもとづく大量虐殺の系譜に位置づけたものである。

その論拠として持ち出されたのは、ロシア革命以来スターリンによる大粛清に引き継がれたソ連におけるテロルである。ノルテは、大量移送や大量銃殺、拷問、死の収容所、もっぱら客観的基準（所属する階級や民族などによる）にしたがってなされる全集団の根絶、「敵」と見なされる幾百万の無辜の人問に対する公然たる抹殺の要求、といった点で、ボリシェヴィキによる殺戮（「収容所列島」）のほうが始原的であり、ナチスによるユダヤ人の根絶は、ロシア革命が当時生み出していたものへの不安から、その反動として生じた事件、「過ぎ去ろうとしない過去」に起因していた事件である、と主張したのである。簡潔に言えば、ナチスによる大量虐殺はオリジナルなものではなく、ソ連におけるそれの「反作用もしくは歪んだコピー」であったという主張である。

第４節　ナチスの相対化論

ノルテの主張の背景にあったのは、その後ハーバーマスからの批判に対する反批判として書かれた文章において、

「私の見解では、ドイツ人だけが『やっかいな過去』を抱えているのではないし、やっかいな過去という点でドイツの過去だけがやっかいなのではない。ナショナリズムをただ単純にひっくり返してみたところで、二〇世紀の歴史的現実に適応したものとはならない。過去について思いをめぐらす新たな方途が、多くの側にとって必要である」（前掲書、一八〇～一頁）

と主張されたように、ことさらに過去のナチスの否定性を強調する歴史認識への批判であった。そしてこうした議論は、ノルテの議論を前後として多くの歴史家によっても議論されることになった。

その論者の一人がナチスに対する実証的な研究者として知られ、代表的著作である『ヒトラーと第三帝国』が日本でも翻訳されているヒルデブラントである。この著作の序文でも明らかにされているよう

に、ヒルデブラントは戦後のある時期までのナチス支配下のドイツについての研究には「歪み」がある、と主張した。その歪みはもちろん、「一九六〇年までの視野の狭い史料基盤」や「観察者と第三帝国との距離が接近し過ぎていること」「第三帝国があとに遺した困惑を伴う作用」にもよっているが、ヒルデブラントによれば、それ以上に「むしろ、暗黒の一二年について、道徳的な当然の憤激から生じた有罪宣告」がそうした歪みの原因であった（以上同書、一四頁）。ここから彼もまたノルテと同様に、「確かに、区別しなければならないものは、一方における、自然発生的な無法行為や個々の散発的な戦争犯罪と、他方における、戦争目標についての長期的な政策や計画的な集団虐殺である。後者を追求し、実行したのが、人種支配を旗印としたヒトラーのドイツであり、階級支配を旗印にしたスターリンのソ連である」（『過ぎ去ろうとしない過去』八四頁）と述べ、ドイツ人がナチスドイツの行為のみを過剰に、否定的に論ずるべきではないという立場を明らかにしたのである。

ヒルデブラントの主張に全面的な賛意を寄せたのが、同じ現代史家であるヒルグルーバーである。ヒルグルーバーの著作でとりわけ議論の対象となったのは、一九八六年に刊行された『二通りの没落』であった。この著作が、第二次世界大戦末期、一九四四年から四五年にかけてのドイツ東部戦線（つまり対ソ戦争）について、戦争に加わったドイツ人兵士たちは（間接的にはユダヤ人の大量殺戮への援護を意味する）ナチス防衛という行為に加わっていたという点では誤りであったかも知れないが、同時に同質的な内容をもったソ連に対する祖国ドイツの防衛という点ではけっして否定的にのみ論じられるべきではない、という論点から書かれていたからである。

一見すると婉曲なかたちをとったヒルグルーバーの歴史の見直し論は、基本的にはノルテやヒルデブラントの主張と同様に、ナチス時代の歴史の相対化を目指したものであった。そのことは、後に歴史家論争の総括として行われ、『過ぎ去ろうとしない過去』に掲載されたインタビューでの、

「ユダヤ人に対する大量虐殺は、判断基準として『西欧世界』を採るならば、特殊なものとなります。なぜならそれと比較しうるようなことは、例えばイタリアのファシズムにおいては存在しなかったからです。ところがボルシェビズムのロシアを比較に入れて見るならば、三〇年代初頭の富農に対する大量虐殺、一九三七年／三八年における赤軍の幹部将校団に対する大量虐殺、一九三九年九月、ソ連の手に落ちたポーランドの将校団や貴族に対する大量虐殺、これらは第三帝国のそれと質的に異なった評価をすることはできない、と言うことができます。ソ連の場合も第三帝国の場合も、虐殺の原因となったのは、（人種妄想や階級イデオロギーにもとづいた）人間の特定化だからです」（一八六～七頁）

というより直截な主張をとおして知ることができる。

第５節　相対化論への批判

当然のことながら、ナチス時代の歴史を相対化していこうとする議論に対しては、多くの批判が寄せられた。

「わたしはこう主張する。・・・ユダヤ人に対するナチスによる殺戮が唯一独自のものなのは、史上いまだかつて一つの国家がその責任ある指導者の権威をもって、ある一定の人間のグループを、老人、女

性、子供、赤子をふくめて、可能なかぎり余すところなく殺害することを決定しかつ告知したことなどなかったからである、と。しかもこの決定は、可能なかぎりの国家の権力機構をあげて実行に移されたのである」(同、一一〇頁)

というイェッケルによるナチスの行為の唯一性・特異性という観点からの批判、

「ヒトラーのドイツをポル・ポトのカンボジアやイディー・アミンのウガンダと比較するよりも、同時代のフランスやイギリスと比較した方が実り豊かだし、適切だし、また正当であるということに、疑問の余地はない。・・・それは、経済の発展状態と社会的・政治的な組織化の可能性のあいだには関連があるという文明史的な知見にかかわっており、また、啓蒙、人権、立憲国家という観念と必然的に結びついているわれわれヨーロッパの伝統を、真剣に受け取ろうとする態度にかかわっている」(同、一二〇頁)

というコッカによる近代ヨーロッパが作り出した価値尺度を基準とした批判などである。

しかしながら、ナチスの特異性のみを強調する議論や、ナチスの相対化論やそれに対する批判に共通するこうした行為の「アジア的」要素といった議論は、必ずしも同意することはできない議論である。というのは、もしナチスが特異なものとされれば、戦前の日本の行為は免罪されてしまうことになる。また歴史的にみれば、異文化に生きていた人々の大量の虐殺を行なってきたのは西欧世界のほうだ、という議論が成り立つからである。しかし、相対化論を批判する人々の議論の根拠は、そこにあるわけではない。それは、

「唯一独自なものかどうかという問いは、結局のところそんなに決定的なものではない。ナチスによ

る殺戮が唯一独自のものではなかったとして、いったい何がどう変わるというのだろう・・・
歴史のなかに昔から迫害や追放や殺戮があったことを、誰も否定しはしないだろう。そしてこれらの事象すべてが歴史的に探求しうるし、またそうすべきだということを、いったい誰が否認するだろう。暗示ばかりをばらまくのではなく、われわれにきちんと名前をあげて言うべきだろう。しかしそもそも、われわれの国で生じた民族殺戮がわれわれのところで特別の関心を求めて当然だということ、それが不明瞭な類似関係で相対化されてはならないということ、このことに疑問の余地はないのである」（同、一一一～二頁）

というイェッケルの主張にも示されているように、相対化論への批判は、相対化論が結局はナチスの犯罪性をも相対化し、そのことをとおしてドイツ人がもつべき歴史認識全体をも相対化しようとすることに向けられている。ここには、ドイツ人がもつべき歴史は、自らが起した犯罪への記憶を忘却するものではあってはならない、という主張がある。

歴史家論争と呼ばれている論争においてホロコーストの見直し論を最も強く批判したハーバーマスの議論（もちろんハーバーマスは哲学者であって、歴史家ではないが）もまた同様の立場に立つものであった。ハーバーマスの立場は一言で言えば、ナチズムの否定というかたちで戦後ドイツ連邦共和国に形成された理性的立場を確として維持し続けるべきである、ということにあった。そのことは、ナチスドイツが行った行為を自己の責任として位置づけ続けることによって可能である、というのがハーバーマスの主張である。なぜなら

「ドイツにおいてこそ我々は、ドイツ人の手で虐殺された人々の苦悩への追憶を、いかなる歪みもなく、

そしてただ頭でだけではなく——他の誰もがそうしようとしない場合ですらも——目覚めさせておく義務がある」（同、二〇一頁）

からである。

またそのことは保守主義者が持ち出すような伝統にではなく、ナチスドイツの行為に対する明確な認識によって可能になるものでもある。

「つまり、アウシュヴィッツ以降、我々がナショナルな自己意識を汲み出しうるのは、我々のより良き伝統、それも鵜呑みにせずに批判的に獲得した歴史の中の〔歴史から選び取った〕より良き伝統からのみである、ということである。ナショナルな生活のあり方が人間の共同生活の基盤を比較不可能なまでに破壊することを許してしまった以上は、その生活様式を継承して行くにあたっては、道徳的破局によって学んだ、疑い深い視線に耐えられるような伝統の光にあてる以外にはない」（同、一〇五頁）

からなのである。

このハーバーマスの立場が、ホロコーストの実在を認めるという点では共通していても、ノルテやヒルデブラント、ヒルグルーバーの立場とは対極的なものであることは明らかだろう。自らの所属する国家の歴史の否定面を相対化するのではなく、否定面と向き合うことこそが、よりポジティヴな歴史認識でありうる、ということである。ボリシェヴィズムとナチズムが同じような行動をとったという認識に立つとしても、あるいは立つべきであっても、そのことはナチズムの後に形成されたドイツ国家や、ドイツ国民の責任を否定することにはならないというのが、ハーバーマスがノルテらによる歴史解釈修正の試みに向けた批判であった。

第6節　南京虐殺事件

簡単にホロコーストをめぐる議論の状況を紹介してきた。では南京虐殺事件についての議論はどのように行なわれているのだろうか。まず断っておくべきは、そもそもホロコーストと南京虐殺事件を対比すること自体がおかしいという議論が存在することである。南京虐殺事件を取り上げることに否定的な人々は、ホロコーストと南京虐殺事件は異質なものと考えているからである。

既に紹介した坂本多加雄の議論もその一つである。上述のようなかたちでホロコーストという「虐殺」事件の罪悪性と異常性を強調する坂本は、戦争と虐殺との違いをこう述べている。

『戦争』が相互の武力行使であるのに対して、『虐殺』は武力を持った者による、武力を持たない者に対する一方的な殺害行為である。もとより、『戦争』に関連して、『虐殺』が生じることはしばしばある。そうであるがゆえに、国際法は、投降した兵士や武器を持たない一般住民に対する一方的な殺害を『戦争犯罪』として禁止している。むろん、実際の戦争において、このような戦時法規がどの程度に遵守されているかは問題である。しかし、そのことと、『戦争』と『虐殺』とを言葉のうえで、あるいは考え方のうえで混同することとは別である。」（前掲書、四六頁）

実はこの文章は先に引用したホロコーストの異常性（虐殺）を強調するための前置きとして書かれたものである。そして「戦争」と「虐殺」の区別がつかない学生を批判し、諭すものとして書かれたものである。しかし、この文章はどうみても論理的には奇妙である。ここではまず「『虐殺』は武力を持ったものによる、武力を持たないものに対する一方的な殺害行為である」と明確に規定されている。次に「虐殺」は戦争に関連してしばしば生ずることがある、とされている。そしてそうであるがゆえに、「国際法は、投降した兵士や武器を持たない一般住民に対する一方的な殺害を『戦争犯罪』として禁止している」とされている。文章を順にたどって素直に読めば、「投降した兵士や武器を持たない住民に対する一方的な殺害」が「戦争犯罪」とされるのは、それが「武力を持ったものによる武力を持たないものへの一方的な殺害行為である」「虐殺」であるためなのであろう。

だとすると、南京における日本軍による捕虜や一般市民の殺傷は、「虐殺」として極東軍事裁判や南京裁判で認定され、「戦争犯罪」として処罰されたことは当然であったことになる。この文章をとおして、坂本自らは「南京事件」は（もちろんそれが実在したとするならばではあるが）、「南京虐殺事件」と呼ばれうる事件であったと主張しているのである。ホロコーストと南京虐殺事件との違いは、それが直接的な戦争行為に関連していたのか、いなかったのか、ということと、「虐殺」の規模（もっとも通常の虐殺とは異なるという意味で、ナチスのユダヤ人などの大量殺害はホロコーストという言葉で呼ばれているはずなのだが）ということになる。

坂本の議論では「虐殺」という言葉に力点が置かれているが、ここに議論の焦点を絞るのも、やや奇妙である。というのは「虐殺」という言葉は英語に置き換えればmassacreであるが、通常は英語では南京事件はNanking（Nanjing）Atrocityと呼ばれることも多いからである。アトロシティという言葉は、辞書によれば「暴虐」、「非道」、「残虐行為」というような意味としてもちいられている単語である。この事件の代表的な研究者の一人である秦郁彦などはむしろこの言葉のほうを好んでもちいている。また英語ではmassacreという単語は、それほど大規模な事件に対してでなくてももちいられる。一つの例をあげると一八一九年のピータールー事件は、議会改革を求めた民衆のデモに対して騎馬義勇兵が襲いかかり、多数の死傷者を出した事件としてイギリス史においてシンボル化されている事件であるが、この時殺害されたデモ参加者の数は数千人でも、数万人でもなく、十数人であった。それでもなお、この事件は「ピータールーの虐殺」（Peterloo Massacre）と現在でも呼ばれている。

もっとも中国大陸で、日本軍との間に起きた事件が、英語でどう呼ばれているのか、ということをことさら問題にすることも、論理的にはおかしなことである。大切なのは、やはり事件が実際にどのようなものとして起きたのか、ということのほうだろう。それが実際に「虐殺」という表現に値するものであるのなら、それを「虐殺」と呼べばいい、ただそれだけのことである（なお中国では大虐殺という言葉とともに、大屠殺という言葉がもちいられている）。

それでは極東軍事裁判や南京裁判で認定されたように、一九三七年に南京では「南京虐殺事件」と呼ばれうる事件が行なわれたのか、行なわれなかったのか、ということに関して言うと、南京虐殺否定論者にとっては残念なことに（というよりは否定論者の多くが実は認めているように）、虐殺は行なわれたと論じてよい。この事件についてはこの本で前提的な問題としてふれたように、様々な立場からの認識が成り立ちうる。当然これまで様々な研究書（研究のレヴェルにたっしないものもなかにはあるが）が書かれてきた。

そのなかで秦郁彦の『南京事件』はある意味ではバランスのとれた本である。その理由は、秦が南京虐殺事件ということをことさらのものとして取り上げることに批判的な立場をとりながらも（そのことは書物の題名が「南京事件」のみとされていることからも理解できる)、なお南京で多くの虐殺があったことを事実として認めているからである。そもそもこの本で秦が指摘しているように、秦の著作が書かれた時点(一九八六年)では、否在論者(いわゆるまぼろし派)とされる鈴木明や田中正明も虐殺の存在を全面的に否定していたわけではないし、また旧陸士卒業生などが組織している偕行社の機関紙『偕行』(当然その立場は旧日本軍寄りの立場に立つものである)に一九八四年から約一年にわたって連載された「証言による南京戦史」においても、虐殺の事実は認められているからである(もちろんその内容は中国側の主張とは異なるものであるが)。本来は「南京虐殺事件」をめぐっての問題は、実在・否在の問題ではなく、その具体的な内容、あるいはこの事件を私たちがどのように認識をするのか、という問題であったはずなのである。

第7節　捕虜と民間人の殺害

南京で行なわれた虐殺として、どのようなことが問題とされているのかと言えば、民間人の大量殺害と捕虜の大量殺害、という問題をあげることができる。そのうち史料も多く、議論のしやすい捕虜の殺害という問題を、最初に取り上げてみよう。まず一九三七年十二月の日本軍の南京占領に際して、大量の中国兵が殺害されたことは、共通して認められている。当時の日本の新聞は、その総数を七万人と報じたし、また十二月二七日の大本営の発表は、その数を八万人としていた。また二八日の上海総本部の発表では、敵の遺棄死体は八万四千人、捕虜は一万六千人とされている。もちろんこの数は一つ一つ正確に計測したものではないだろうし、当時の日本軍や戦時新聞報道に見られた誇張が含まれていたかもしれない。またこの死者が正規の戦闘行為によるものであるならば、それは虐殺に含まれるものではない。問題は捕虜になった後に殺害されたのかという問題である。それは捕虜の殺戮がこの時点で一九〇七年のハーグ協定（「陸戦の法規慣例に関する条約」）、一九二九年のジュネーブ協定（「捕虜の待遇に関する条約」）に違反する行為であったからである。

この時南京で大量の捕虜があったことは、当時の新聞で伝えられた。幕府山砲台周辺での中国人捕虜数については、当時の新聞は一万四千七百七十七名（十二月十七日『朝日新聞』）、一万五千人（十二月十六日『福島民報』）と伝えている（この数は十四日の旅団本部調査にもとづいていた）。一九八九年に刊行された偕行社の『南京戦史』もほぼこれに近い数を当時の捕虜者数としている。この大量の捕虜が、その後どうなったのかが不明であることが、南京虐殺事件をめぐる一つの議論の対象となっている。『南京戦史』や、同じく従軍兵士の証言を集めた『ふくしま』においては、これらの捕虜たちは、半分ほどは釈放され、残りのものも「逃亡させる予定であったが」放火や暴動などの混乱の中で、一部のもの（四百名～一千名）が射殺されたり、溺死したりしたとされている。対してこれに疑問を呈する歴史研究者も少なくはなく、秦も一部暴動の形跡は認められるにしても、大量の捕虜の殺害がこの時点で行なわれた経過を、克明な史料分析をとおして明らかにしている。

このように正規の軍事的行為の一環であったために、それなりに事実を推定させる資料や証言が残されている捕虜問題とは異なって、民間人に対する残虐行為を伝える日本側の史料は当然のことながら少ない。したがってそのことの根拠とされたのは、日本軍の南京占領当時にそのことを伝えた海外の新聞、あるいは当時南京に滞在していた第三国の人々の証言である。その代表的なものが、当時南京に滞在していたドイツ人ラーベの残した証言である。また一部の日本人の証言、たとえば虐殺があった傍証として引用されることの多い、当時の外務省東亜局長の石射猪太郎が残した日記などである。

当然のことながら被害者であった中国人はこの事件の記憶を忘れることはなく、多くの証言を語った。極東軍事裁判、南京裁判はそうした証言を取り入れた。極東軍事裁判では日本軍による犠牲者を二〇万人以上とし（正確に言うと、日本軍占領の最初の六ケ月間に南京城内およびその周辺で殺害された人の総数は二〇万人を超え、六週間以内に強姦された女性の数は二万人以上であるとされた）、また南京軍事裁判ではその数を三〇万人以上と推定している。もちろんこれは戦後あらためて明らかになった証言にもとづいた数字である。南京事件が南京虐殺事件と呼ばれているのは、こうした事実がホロコーストと同じように、「国際的」に追認されているからである。

にもかかわらず、最近では南京虐殺事件どころか、南京事件の実在すら否定しようとする議論が一部の人々の間で支配的になっている。そして保守的な政治家やメディアはそれに同調すらしている。しかし、ここで考えるべきことは、事件の本質的な要素である。そもそも南京での「捕虜」や「民間人」の殺害が「虐殺」として語られるのは、それが「侵略」に伴った行為であったからである（その意味では残念なことに、私からみれば不当なことに、原爆投下は、「広島虐殺事件」「長崎虐殺事件」とは呼ばれていない）。日中戦争をめぐる出来事を語る時に大事なことは、その前提的な枠組みである。兵士であれ、民間人であれ、その殺傷は中国大陸で行なわれた。逆に兵士であれ、民間人であれ、日本の本来の固有の領土で日本人が殺戮されたわけではない。「戦争の舞台は、最初から最後まで中国大陸であったのである」。

しばしば指摘されるように、一九三一年の満州事変以来の日本の中国大陸への進出は、日本政府自身が様々なかたちで認めてきたように侵略戦争であった。その意味では笠原十九司が『南京事件と三光作戦』でそのことを指摘するように、南京虐殺事件だけが問題なのではなくて、南京虐殺事件に典型化された、あるいは象徴される、侵略全体に伴う日本人による中国人に対する殺傷行為が問題とされているのである。

南京虐殺事件が幻であったとしても、日中戦争が幻であったわけではない。一九三七年の南京での死者が虐殺まぼろし論者のいうように数千人であったとしても、そのことは日本軍の侵略によって少なくとも数百万人と言われる中国人が殺害されたということを否定することにはならない。そうした行為を可能にした構造的要因、例えば過剰なナショナリズム、人種差別的イデオロギー、軍国思想、それらと対比的な人権思想の欠如、といったようなことが問題なのである。

「戦争」であろうと、「事変」であろうと、他の民族が歴史的に居住する地域に軍隊を派遣し、その地域を占領支配するということは、きわめて困難なことである。その最大の理由は、相手方の兵士と一般の住民の区別が困難だからである。そこで生じる問題が、現在も世界の多くの地域で繰り返されている被支配地域の住民の大量殺戮という問題である。もちろんこれはきわめて不当なことである。そのことを正当化する論理は、論理としての妥当性をもちにくい。

このように考えれば、南京における中国人の大量殺傷行為を正当化するためにもちいられているいわゆる便衣兵問題という議論の奇妙さも理解できるだろう。民間人の服を着てゲリラ的な戦闘行動を行っていたということを理由として、その殺傷を正当化する議論である。しかし、当時の（あるいは現在の）国際法でゲリラの殺害が認められていたといっても、それはけっして日本軍の行為を全面的に肯定するものはとはなりえない。

「リーダーがいて、制服を身につけていて、公然と武器を携行している」のが正規兵であって、「指導者の指揮の下に投降した」のが捕虜であるという規定は、正規軍同士の交戦を想定した国際法上の規定である。しかし、この規定は誰もが気づくように、侵略を受けた人々の抵抗する権利を想定した規定ではない。不当な侵略を受け、占領下にある人々が、ゲリラとして平服で武器を隠し持って戦うのは、奪われてはならない「愛国心」にもとづく正当な抵抗権の一つである。そうでなければ、ナチスの占領に対して祖国の独立回復のために戦ったフランスのレジスタンスの参加者を、ナチスや傀儡政府が殺害したことは当然のことであったとされてしまう。少なくとも愛国心や民族主義を唱える立場からすれば、こうした議論はどうみても成立しえない。

第8節　象徴としての数

以上のように考えれば、南京事件がなぜ南京虐殺事件と呼ばれるのかということの意味は明らかだろう。にもかかわらず、南京虐殺事件をことさらに取り上げることへの批判は日本では根強い。その一つの論拠は、中国政府の挙げている被害者数三〇万人という主張には、事件の意味をことさら大きくしようとする誇張があるのではではないか、ということである。そうした議論の中には、三〇万人という数は、特定の都市で集中的に民間人が殺害された事件として、広島・長崎よりもその被害の規模を大きく見せかけるために持ち出された数ではないのか、という主張もある（だとするとこの数は中国ではなく、アメリカが自己の行為を正当化するために作り出した数ということになるのだが）。

では犠牲者の「数」はどのくらいだったのだろう。南京虐殺事件での中国人死者数を二〇万〜三〇万人とする議論に対して四万人説を唱えている秦郁彦は、南京虐殺事件もまたそのなかで起きた一つの事件であった日中戦争の犠牲者数について、きわめて興味深い数字を挙げている。それは日中戦争での中国の犠牲者数は、「軍民あわせて三〇〇万前後で、太平洋戦場を含めた日本人軍民の死者三一〇万人（うち中国戦場で四一万人）とほぼ同数と推定される」という指摘である。もちろんこの数は、中国側の伝統的な主張である一〇〇〇万人以上（現在では三〇〇〇万人以上という主張も行なわれるようになっている）という主張に対置するかたちで持ち出されたものである。

数にはしばしば象徴的な意味がこめられる。南京虐殺事件の死亡者数の三〇万という数には、既に述べたように、この事件は広島・長崎より大きな被害者を生み出した事件であったという意味が含まれている。日中戦争での中国人犠牲者数が三〇〇万人程度であったという秦の主張には、秦自らが論じているように、日本と中国とではその数は同じであったという意味がこめられている。同時にこの数には、中国人の犠牲者数は、正規の戦闘行為での犠牲者を含めても、しばしば六〇〇万人とされるナチスによるユダヤ人の殺害者数（ニュルンベルク裁判が断定した数）の半分程度に過ぎなかったという意味がある。ここには「日本軍による虐殺があったとしても、それはホロコーストほどのものではない」という主張と同じ論理が存在している。

秦は一方では「中国での日本人死者の数は四一万人であった」として、暗に中国では侵略をされた中国人の方が日本人の十倍近くの犠牲者を出したことをその主張に含ませていて、その点では日中戦争が不当なものであったことを否定しているわけではない。しかし、全体としては戦争全体による日中双方の犠牲者の数はほぼ同数であった、という秦の主張は合理的なのだろうか。

一五年にわたって秦によれば平均的駐屯兵数八〇万人の日本軍による一方的な侵略を受け続け、常にその領土において戦闘や民間人への加害行為が行なわれ続けていた中国における戦争の犠牲者数が、戦争末期に空爆を受け、また沖縄での戦闘が行なわれたとはいえ、沖縄を除けば固有の領土（つまり本土）において住民を巻き込むような戦闘が行なわれたわけではなかった日本の犠牲者数と、結果的には同じとすることは合理的なのだろうか。本来その人口に十倍以上の差がある中国の犠牲者が、日本のそれと同じであったとする象徴的操作は、合理的なのだろうか。

数字の象徴的操作は、正確な数の再現不可能性という議論とともに、実は特定の歴史認識を生み出すためにしばしばもちいられている。というより「正確に再現することが不可能である」がゆえに数字が象徴的に操作されるという例は、むしろ一般的でもある。例として「アメリカ大陸の先住民の数は、ヨーロッパ人の植民が行なわれる以前にはどの程度であったのか」という問題を取り上げてみよう。

おそらくこの問いに多くの読者は答えることができないだろう。歴史教科書などにおいてこの数がふだん確定されたものとして示されることが少ないからである。その一つの答えが七〜八〇万人、あるいは多くても一〇〇万〜二〇〇万人であるとされている、と知らされた時、読者はどのように感じられるだろうか。実はこの数は、一九七〇年代くらいまでは一般的に、現在でもアメリカの一部の歴史教科書でもちいられている数字である。

この数が暗に示唆することは、ヨーロッパ人の入植が行なわれた後も、多少の減少（自然的減少や同化による減少）があったにせよ、結局は先住民たちはその数を維持し続けた、ということである（現在アメリカ合衆国内での先住民数は約七〇万人とされている）。もちろんその後の歴史的発展という問題はあるにせよ、現在数億人を収容するキャパシティがある地域に、五百年前には先住民がわずか一〇〇万人程度しか存在しなかったと考えるのは本当に合理的なのだろうか。入植者たちは本当に「無人のフロンティア」を西へと向かったのだろうか。

『アメリカの歴史教科書問題』という題名で訳出されたジェームズ・W・ローウェンの著作の原題は、邦訳では副題とされた『先生が教えた嘘』というものである。一二種類の教科書の内容を詳細に分析したこの本は、その題名どおり教科書がどのような「嘘」を子供に教える傾向があるのか、ということを様々な例をあげて説明している。コロンブスの到着、入植、合衆国の建国と西漸にいたる時期の先住民にまつわる出来事を、アメリカの歴史教科書は様々に隠蔽し、嘘で塗り固めているとローウェンは指摘する。そのことに反証する一つの例として挙げられているのは、コロンブスの弟が一四九六年に調査したハイティの人口は、数え落としを抜いても一一〇万人であったというような事実である。

アメリカ大陸、あるいは西インド諸島などの周辺の土地の先住民の数については、様々な証言や議論がある。当時スペインの植民に伴う行為を激しく批判したことで知られ、その書き残した記録が基本的な史料としてもちいられることの多いスペイン人宣教師ラスカサスは、イスパニョーラ島（ハイティ、ドミニカ共和国）だけで三〇〇万人がいたとしていた。

この数には誇張があるとも考えられるが、最近ではアメリカ大陸の先住者数を一〜二〇〇〇万人とする議論もある。ローウェンはその一つの例として『約束の地』という教科書が二〇〇〇万人という数をあげていることを紹介している。当然ながらまだ工業化以前の段階にあった当時の日本の人口が既に一〇〇〇万人を超えていたことは間違いない事実であるから、はるかに広い面積をもつ同じ時期のアメリカ大陸の居住者の数が、七〜八〇〇万人程度ではなく、一〇〇〇万人を越えていたとするのは、合理的な推定かもしれない。

このように歴史記述の中で数字はしばしば象徴的な意味をもつものとして提示される。たとえば再び第二次世界大戦にまつわる議論に話を戻すと、むしろ戦後民主主義的な戦争理解を批判する立場から書かれたものとして話題となった『敗戦後論』で、私と同じ世代である加藤典洋は、「アジアの二千万人の死者に対して、日本の三百万人の死者」という言葉をしきりにもちいている。この数字の根拠を加藤がどこにおいているかはわからないが、文学者である加藤は、侵略の対象となったアジアの方が、日本より多くの死者を出したという象徴的な記号としてこの表現をもちいているのだろう。歴史家である秦が、日本人犠牲者の数については同じ数字を用いながら、中国に限ってではあるが、その犠牲者を三百万人としているのとは対照的である。

第9節　数の認識の恣意性

数字がこのような象徴性を持つものである以上、歴史記述の中で行なわれている数字をめぐる論争は、しばしば過剰なまでにイデオロギー的なものともなりがちである。もちろん数の問題については、一人一人の人間が生きていたことの積み重ねという意味できわめて重要なものであり、そうであるがゆえに確実な調査にもとづいて正確な数を策定していくべきだということを、多くの人は否定しないだろう。しかし、同時に忘れてならないのは、象徴化された数字もまた、というより象徴化された数字のほうが、私たちの歴史認識にとって重要な意味をもちがちだということである。なぜなら私たちは、個々の人間一人一人が生きたものとして歴史を認識するより、より包括的なものとして歴史を認識しがちであるからである。

たとえば先に挙げたように、「アジアの死者二千万人、日本人の死者三百万人」とか、「アメリカの先住民一千万人」という認識は、私たちの歴史の基本的な認識を作り出している。しかし、そうした認識は、私たちすべてによって共有される常識でも、論理でもありえない。言うまでもなく、前者についてはは歴史修正主義と言われる立場に立つ人々は、後者についてはアメリカの保守主義者の多くは、一様にそうした象徴的な数字を自己の認識とすることを拒絶しているからである。歴史認識は、とりわけ象徴的な数字の認識は、歴史を認識する側の思想的態度に大きく左右される。

この問題についてきわめて興味深い証言を行なっているのが、「新しい歴史教科書をつくる会」の中心的人物であった藤岡信勝である。藤岡は、自らの南京虐殺事件の犠牲者数への認識が、思想的立場の転換とともに、三〇万人から四万人へ、そして限りなくゼロに近いものへと変化したことを、別に衒うこともなく語っている。

藤岡の変化は、その思想的立場によって、歴史の認識における象徴的な数字が自在に操作され、変容していくことを直截に示している。「南京で何人が虐殺されたのか」「アメリカの先住民が何人であったのか」という歴史における数の認識は、その立場によって左右されがちである。ホロコーストの死者をゼロであったと認識することも理屈の上では可能である。多くのアメリカ人が、「先住民に対する虐殺はほとんど行なわれず、あったとしても例外的なものであり、虐殺事件として伝えられている事件は誇張であり、実際には存在しなかった」とすることも可能なのである。同じように南京では「戦争だったのだから一人も死者がなかったとは言わないけれど、いわゆる虐殺は行なわれなかった」と言うことも可能なのである。

私たちの歴史認識にはこのような側面が付随している。ホロコーストの被害者六〇〇万、南京虐殺事件の被害者三〇万人という数字には象徴的な意味がある。と同時に、その数を大幅に減じて論ずることにも同じような象徴的な意味がこめられる。そのことを前提としながら、ここで興味深い例を紹介しておきたい。それはホロコーストの否定論に代表される歴史修正主義に激しい批判を加えているナケの主張である。既に紹介した『記憶の暗殺者たち』という書物で、

「たしかに、アウシュヴィッツで姿を消した人間は四〇〇万人であったというこの数字を採用している歴史家は今日では一人もいない。死者は一〇〇万人であったというのが、とてつもないとはいえ、適切な仮説である。しかし、四〇〇万人という数字がポーランド人の配慮でアウシュヴィッツのいたるところに貼ってあるのも、本当なのであって、クロード・ランズマンが『最も信頼できる見積りによれば、三五〇万人前後である』と書いたのは間違っている」（一三四～五頁）

ともナケは記しているのである。

私がこのナケの文章を引用したのは、もちろんホロコーストの実際の犠牲者が「六〇〇万人ではなく、一〇〇万人である」と主張するためではない。そもそもそれが「六〇〇万なのか、一〇〇万人なのか」をどうして私が、あるいは読者が判断できるのだろうか。繰り返すことになるが、ホロコーストであれ、南京虐殺事件であれ、広島・長崎への原爆投下の被害者であれ、その正確な数は、既に南京虐殺事件について論じた際に述べたように、実際の被害者の一人一人を正確に突き止め、その総計を確認していくという作業を今後積み重ねていった後にはじめてわかることだろう。

実際に広島・長崎の犠牲者については長年にわたって犠牲者の調査がすすめられ、その数が確定されつつある。南京虐殺事件についても同様だろう。当然のことながら、中国ではそうした活動が継続的に行なわれている。日中を問わず研究者は大雑把な推定ではなくその作業を地道に続けていけばよいし、事件の加害者であった日本の社会は作業を誠意をもって自ら行い、あるいは中国側の策定作業に協力していけばよいだけである。ホロコーストについてもそれは同じである。論理的にはただそれだけのことである。しかし、ここでもまた最後の問題がどうしても残されていくことになる。それは、最終的にほぼ正確なものであろうと推定された数字を、受け入れるか受け入れないかは、結局は私たちの判断に委ねられる、ということなのである。

第10節　忘却の穴・忘却の海

歴史における数字の象徴性という問題を議論しながら、私はいくつかのことを例としてあげた。この本のテーマとなっているホロコースト、南京虐殺事件、そしてアメリカ大陸の先住民といった例である。私がホロコースト、南京虐殺事件に加えて、アメリカ大陸の先住民の数という問題をここに加えたことには意味がある。それはこの問題を取り上げることが、記憶の非在という問題を論ずるために必要だと考えたからである。

アメリカ大陸先住民について私は、ヨーロッパからの入植が行なわれる以前には、その数が一〇〇〇万人以上であったと「推定するのが合理的であろう」と述べ、その数はヨーロッパ人の入植後に大きく減少したという一つの議論を記した。これは文字通り推論である。なぜならこれは、広島・長崎の原爆投下による被害者、南京虐殺事件の被害者とは異なり、アメリカの先住民一人一人についての事実を着実に再構成することによって得られたものではないからである。この数は、アメリカ史研究者の一部の人々が、数少ない先住民たちの記録、あるいは植民者側（もちろん偏りのある）の記録、あるいは考古学的な史料、経済学的・地理学的・人類学的な推測をとおして提示した数字を、私が私自身の推測として取り入れたものでしかない。

しかし、アメリカ先住民については、一〇〇〇万人を超える人口を擁していたということを認める人々の中にも、減少の理由としては疫病流行説を挙げる人が少なくはない。天然痘をはじめとする病原菌がヨーロッパからの人の移動によって大陸へと持ち込まれ、免疫のなかった先住民の間で大流行し、膨大な人口の減少を招いたとする議論である。

アメリカの歴史教科書のいくつかでは、先住民の減少を説明するものとしてこうした議論が採用されている。日本の教科書の中にも、この議論が採用されている例もある。この議論はまったく根拠がないわけではない。確かに当時の文献的史料には、先住民の間での疫病の流行を伝えるものもある。しかし、疫病が最大の原因で、先住民がアメリカ大陸において少数民族へと転落したというのは本当に合理的な説明なのだろうか。もしそうであるのなら、同じ時期にヨーロッパ人が渡来した日本では、なぜ人口の大幅な、急激な減少をもたらすような疫病の流行は見られなかったのだろう。

おそらくはアメリカと日本の違いは、疫病の流行の有無ではなく、日本ではヨーロッパ人の渡来に伴ってそれまでの文化的枠組みや経済的な基盤を破壊するような、軍事的行動を伴ったヨーロッパ人の入植（侵略）が行なわれなかったからである。アメリカ大陸ではそれが行なわれた。

ここから私は、アメリカ大陸の先住民の大幅な減少に関しては、疫病説よりもアメリカでは先住民のもつ文化的枠組みや経済的基盤を破壊するような、軍事的侵略をともなった入植が行なわれたとすることのほうが、より合理的な説明ではないかと推論しているのだが、そうした議論は多くの人によって受け入れられている議論ではない。当然のことながら、現在アメリカに居住している人々の間の認識として共有されているわけではない。

アメリカの先住民について極端に対立するこうした議論が並立しうるのは、彼・彼女たちについての正確な証拠や記憶が、きわめて希薄なものであるからだろう。現在に対してその手がかりとなる記録や記憶を残す余裕もなく消え去っていった人々、記憶や記録を抹殺された人々、かすかに残された記録や記憶ですらもが、不当に無視されている人々についての歴史は、きわめて曖昧なものである。

曖昧であり、極端に対立する議論が行なわれているのは、私たちの記憶に遠い時代のことだけではない。それはホロコーストや南京虐殺事件のような記憶に新しいはずの現代史の諸事件についても同じなのである。なぜそのようなことが起きうるのかということについて上村忠男は、『歴史的理性の批判のために』と題された本で、第一次大戦の兵士の経験を論じたベンヤミン、そしてベンヤミンの主張を受け継いだ市村弘正の文章を引用しながら、たとえば圧倒的に機械化された戦場での兵士の経験のような、「記憶しがたい」「表現する」ことが不可能に近いような出来事が、事実が正確に伝達されることを不可能にしている、と論じている。

「物語能力をこえて忘却へいざなうほどの破壊と消滅の生起。想像力をこなごなに砕く表象不能な出来事の出現。砕かれた記録の土台の縁に、かろうじて記憶の切片が貼りついているような事態」(二一頁)、すなわちベンヤミンの言葉を借りれば、「経験の価値の低下」というような事態が、現代の一つあり方だからである。

またこのことを上村は批評家であるショシャナ・フェルマンの主張をふまえて、「ひとつには、ホロコーストとかショアーと総称される現実のもとにあっては、証人とその証言行為とがアーレントのいう『忘却の穴』に落ちて、文字どおり物理的に跡形もなく消去＝焼却されてしまったという事実に起因している。ホロコーストの真実を真の意味で語りうるためには、それを内部から語ることができなければならない。しかしながら、それは不可能というほかあるまい。なぜなら、フェルマンもいうように、その内部は『声をもたない』からである」(同、四九頁)とも論じている。

高橋哲哉もまたホロコーストをテーマとして一九八五年に制作・公開された映画『ショアー』の内容をふまえながら、起きたはずの出来事が、それに関する証拠や証人が消去され、また辛うじて残された証人も経験が引き起こしたあまりのトラウマのために、出来事に対する記憶を正確には語りえないという問題を指摘する。またそうしたことを説明する言葉としてアーレントの「忘却の穴」、つまり起きたはずの出来事がまったく記憶されていない空間の存在を示すものとして彼女がもちいた言葉を援用している。高橋によれば、それはなおその場所についての記憶が辛うじて保持されているアウシュヴィッツと比較して、殺戮が行なわれた痕跡すらないトレブリンカのような場所を示す言葉である。

しかし、「忘却の穴」という表現は、私たちと歴史の関わりを示すものとしてはやや不正確な言葉である。というのは、この言葉にはどうしても、過去の出来事の中で忘却されたものは、一部つまり「穴」にしか過ぎないというニュアンスがあるからである。

「私には歴史を『歴史の肉体』と『忘却の穴』というイメージで捉えること自体いささかミスリーディングに思われます。それは『歴史の肉体』が言語活動から独立に存在し、『忘却の穴』が特殊な例外的事態だと思わせてしまうからです。私の目には、『歴史の肉体』は物語り行為のネットワークに支えられた危うい存在であり、そこには無数の『忘却の穴』が穿たれているように見えます。あえて不十分な代案を提示すれば、私自身は歴史を『忘却の海』に点々と散在する記憶の島々といったイメージで考えています。人類の歴史を考えてみても、『名前』が記録に残されているのはほんの一握りの人々にすぎず、大多数の人々は忘却の海に沈み込んでいます。・・・無名の人々が沈み込んだ『忘却の海』の深さを測定することこそ、歴史的想像力に課せられた使命ではないでしょうか」

という野家啓一の指摘は、実はこの文章は高橋が自らの議論を擁護するためにあえて自著である『歴史／修正主義』において引用しているものだが（六三〜四頁）、高橋の議論が見落としたものを鋭く突いている。

議論にやや前後したところがあるが、ここまでくれば私がなぜ南京事件やホロコーストとともに、アメリカ先住民の問題を取り上げたかを理解できるだろう。それは起きたことのすべてが、現在に対してその手掛かりを残しているわけではないことを示すためである。そのことのほうが圧倒的に多いことを示すためである。

確かにホロコーストや南京虐殺事件は、起きたことが通常の人間の経験や想像力を大きく超えるものであったがために、正確に記憶されえぬ、正確に伝えることが不可能な事件であるかもしれない。しかし、より重要なことは、にもかかわらずある意味では常識的な事実として受け入れられているこれらの出来事とは異なって、もはや「伝ええぬ」「語りえぬ」出来事があるということのほうだろう。

私たちはどれほど「アメリカの先住民」の「生活様式」ではなく「虐殺」のことを、「語りえて」「伝ええて」いるのだろうか。そのことを私たちに問いかけた映画『小さな巨人』のラストシーンが映し出したものは、人影もなんの痕跡もない茫漠たる大草原であった。そのシーンは、本来はそこに存在していたはずの数多くの先住民についての記憶と痕跡が、現在では見事なまでに消え去ったことを「無言」のうちに語りかけるものであった。

第11節　表象の相対性

いま私は、痕跡を残さず忘却の海に消えていった圧倒的多数の人々のことを示すために、『小さな巨人』

という映画を取り上げた。こうした議論の進め方に対して疑問を抱いた人は少なくないだろう。というのは、同じ映画でも『ショアー』とは違って『小さな巨人』はフィクションだからである。『ショアー』に登場する人々は、たとえそれがトラウマによって歪められてものであるとしても、彼らの記憶の中にかすかに留められている真実を語ろうとしている（それゆえそうした証言にもとづき私たちは過去の真実に近づくことができるとされている）のに対して、『小さな巨人』で語られていることの多くは、実際に起きた事件を素材としているとはいえ徹底的にフィクションである。そもそもこの物語を伝える人物として登場するダスティン・ホフマンの演ずる人物は、「西部で最大の嘘つき」であるともされている人物である。

はたして過去の「事実」は、このように想像的なものとして構成されてよいのだろうか。そうした問題を考えるために、ここではもう一度議論を戻してホロコーストをめぐる議論の一つを取り上げていこう。それは、既に紹介をした「ドイツ歴史家論争」の後を受けて一九九〇年にカリフォルニア大学ロサンゼルス校で「〈最終解決〉と表象の限界」というテーマで行なわれ、後にその議論の内容が『アウシュヴィッツと表象の限界』という訳書によっても紹介された議論である。

この会議で議論の対象となったことの一つは、会議のテーマとしても示されたように、ナチスドイツが行なったユダヤ人の絶滅計画、つまり最終計画が、この会議の記録を編纂・刊行したフリードランダーによれば、「歴史上もっとも徹底した皆殺しの形式であり、・・・二〇世紀西欧社会の内部に住むあるひとつの人間集団全体をそっくり全滅させるための、意志的で、体系的で、産業的に組織され、大規模に成功をみた試み」（同書、一七頁）であったがゆえに、はたしてこの事件が他の多くの歴史上の出来事に対して行なわれているような、理論的な認識の対象や、表象の対象になりうるのかという問題、というよりも事件についての表象の可能性が問われうる限界に属していた事件ではなかったのか、という問題であった。

この会議で多くの参加者が主張したことは、結局のところホロコーストと呼ばれる事件は前述のような徹底性のゆえに、その事件について多義的な叙述をけっして許さない事件であったのではないか、ということである。したがってそうした立場から、なによりも事件への記述は「直写的」(literal) なものであるべきであり (ラング)、ヒルグルーバーが論じたような、ナチスドイツの否定的行為と東部戦線におけるドイツ人兵士の英雄的行為、というような二律背反的な解釈を許容するような事件ではなかった (ペリー・アンダーソン)、などという主張が行なわれたのである。

こうした意見に真っ向から対立する見解を主張したのが、後述するような観点から歴史認識の相対性を強く主張していたヘイドン・ホワイトである。ホワイトは彼の持論である

「歴史上の現象についてのあらゆる表象には、ぬぐいさることのできない相対性がつきまとっている。表象が相対的であらざるをえないのは、過去の事件を説明と理解の可能な対象として描きだし、ひいては構成するために、言語が使用されるからにほかならない」(同、五七頁)

という主張をその基本線として議論を進めた。ここから歴史上の諸事件についての物語は証拠にもとづいて中立的に語られている、という考えをホワイトは批判した。というのは、歴史を脱構築的な立場から見れば、

「ストーリーというものは、事実をありのままにのべた陳述とおなじく、言語的な実体であり、かつ

また言述の秩序に所属している」（同、五八頁）からである。

したがって歴史の事実は、どのような言語が選択されるかによって、あるいはホワイトの議論にしたがえば、どのようなプロット、比喩の形式がもちいられるかによって、多様な解釈と記述を許容することになる。

「あるひとつの物語的記述が一組の事件を叙事詩的または悲劇的なストーリーの形式と意味とをもつものとして表象するかもしれない一方で、おなじ一組の事件が──同等の妥当性をもって、かつ事実の記録になんら暴力をくわえることなく──「笑劇」（farce）として表象されることもありうる」（同、五九～六〇頁）のである。

もしこうした多義的な解釈の余地を残さない歴史の事実についてのストーリーがあるとすれば、それはそのストーリーが比喩的なものではなく直写的なものであること、そこで使用されているプロットタイプが事実に内属したものであることが必要とされるが、そのことはもちろん論理的には成立しえない、とホワイトは主張した。というのは繰り返し指摘してきたように、ストーリーと事実の一体性というものは絶対的に保証されうるものではないし、もちろんプロットが事実に内属していることと考えることには大きな無理があるからである。

このホワイトの主張には、第二次大戦末期におけるドイツ史の解釈に二つの立場（喩法）からの解釈を持ち込んだヒルグルーバーの議論とある種の共通性があることは明らかだろう。もちろんホワイトは、多様なプロット（筋書き）、トロウプ（喩法）をもちいることが、客観的に実在したと考えられる事実をも否定するわけではないということを慎重に論じている。しかし、同時に彼は、たとえホロコーストのような事件であっても、様々なプロット、トロウプをもちいることは可能であり（というより歴史とはそうしたものであり）、その表象のされ方は相対的なものとなりうると論じたのである。

第12節　ジャストワンウィットネス

ホワイトの主張は、既に指摘したペリー・アンダーソン、ベレル・ラング（ラングに関しては、ホワイトは議論の後半で強い批判を加えている）らの考えと鋭く対立するものであったが、この会議でホワイトを最も強く批判した人物は、文化人類学者クリフォード・ギアツの「厚い記述」（thick description）の手法を取りいれ、ミクロヒストリー的方法にもとづく歴史書を書いたことで知られているカルロ・ギンズブルグである。

もっとも残念ながらギンズブルグの批判の主眼は、この会議ではホワイトがもちいた論理そのものに対する論理的批判というより、ホワイトの思想的枠組み、とりわけそれがクローチェや、あるいはクローチェの友人でありファシズムの協力者であり、結局はレジスタンスによって殺害されたジェンティーレの思想と均質的なものである（こうした批判は、デリダらのフランスの脱構築論者の主張が、ナチズムの協力者であったハイデガーと類質性ともっている、というようなかたちでも行われている）という点に置かれていて、その点では十分な批判とはなっていない。しかし、基本的にはホワイト批判として行なわれたギンズブルグのこの会議に対する発言で注目されることは、その報告題ともされた「ジャストワンウィットネス」という問題である。

「ジャストワンウィットネス」という考え方は、もともとは申命記にあった「どんな咎でも、どんな罪でも、すべて人が犯した罪は、一人の証人によっては立証されない」という考えを敷衍したもので、ヨーロッパにおいて中世以来「一人だけの証人は証人にあらず（testis unus, testis nullus）という原理として、裁判において事実を確立する際の一つの原理となっているものである。

中世史家であるギンズブルグはこうした考え方について以下のように語っている。

「さて、このような基準が歴史研究の分野にも適用されたならば、どういうことが起こるか、暫時想像してみよう。一三四八年五月にラボームで起きた事件、一三二一年夏のある日にヴィトリ＝ル＝フランソワ近郊で起きた事件、そしてキリスト紀元六七年七月にヨタパタ近郊の小さな洞窟で起きた事件、これらの事件についてのわたしたちの知識は、いずれの場合も、ただ一人だけの、多かれ少なかれ直接の目撃証人の報告にもとづいている・・・思慮分別のある歴史家ならば、これらの証拠を〔一人だけの証人によるものであるからということで〕本質的に受け入れがたいとして排斥してしまうようなことはあるまい。通常の歴史研究のしきたりによれば、それぞれの記録文書の価値は比較の方法によって検査されることになっている。すなわち、すくなくとも二つの記録文書がふくまれているひとつながりの系を構成することによってである。」（同、九五〜六頁）

ギンズブルグが具体的に言及している史料の内容が煩雑さを避けるために省かれているためにやや理解しにくい部分があるかも知れないが、ここでギンズブルグが主張していることは、たった一人の証人によるものでも、他の史料とのつながりをとおして意味を持たせることができるということであり、歴史の研究方法と法律上の原理を同一化すべきではない、ということである。

このことは歴史研究にとってはある意味では当たり前のことである。たとえば日本古代史研究の基本文献である「『三国志』魏志倭人伝」（「『魏書』東夷伝倭人条」）は、たった一つの証言（脱構築論的に言えばたった一つのテクスト）である。好太王（広開土大王）碑もまたそうである。古代史と限らず特定の事件について、たった一つの証言しか残されていない例は歴史には数多い。直近の例をあげれば、曽祖父についての私の知識は、父が伝えたほんの二、三の事柄でしかない。

もちろんギンズブルグも認めるように、ジャストワンウィットネスによる証言がそのまま事実として認められるわけではない。ギンズブルグはそのことを「すくなくとも二つの記録文書がふくまれているひとつながりの系を構成する」ことによって検証されるものであると述べている。もう少し広い意味で言えば、そうした個々の証言は、これまで歴史研究が積み重ねてきたより幅広いコンテクストの中で、その事実性が検証されているということだろう。

しかしながらギンズブルグの議論がただそれだけのものであるなら、それほどの意味をもつものではないだろう。問題はそうした点にとどまるだけではなく、この議論が証人であるべき人のほとんどが殺戮され、残された証人すらが正確に事実を再現することが困難な、つまり表象の限界に位置するホロコーストという問題をめぐる議論として行なわれたという点にある。

それは上村忠男によれば、

「限界状況をかいくぐって生き残った者の証言のもつ歴史的価値を—たとえ、その者がたった一人の生き残りであったとしても、ひいては、その者の証言の真偽を他の証言と照合しつつ検証する手立ては失われてしまっていて、『一人だけの証言は証人にあらず』というヨーロッパの古くからの法的伝統に背反することになろうとも―その者の人間としての道徳的品位において尊重し擁護しぬこうとする、歴史家ギンズブルグの毅然とした決意」（上村、前掲書、四七頁）を示すものでもあった。

第13節　様々な証言・様々な歴史

もちろん私は証言を残すことなく忘却の穴や忘却の海へ落ちた人々への共感を抱いている。というより多くの歴史家のそもそもの出発点は、そうした人々をいかにして忘却の穴や忘却の海から救い出すのかということにあるのだろう。その意味でギンズブルグに限らず多くの歴史家は、それが「ジャストワンウィットネス」によるものでも、あるいは「ジャストワンウィットネス」によるものでしかないがゆえに、そうした一人の証言を自らの思考の対象として積極的に取り上げている。

しかし、たとえたった一人のものであってもその証言を証言として取り入れることになると、そこからは別の問題が生じる。なぜなら一つの事件に関してでも、証言には大きな差異があるからである。ホロコーストの実在を伝える証言もあれば、それを否定する証言もある。南京虐殺事件についても既に紹介したような虐殺を目撃したとする元兵士の証言もあれば、それを否定する証言を現在行い続けている元兵士もいる。事実の有無に関してすら証言は一様ではない。

くわえて事実の存在については一致したとしても、その記憶のされ方、説明のされ方は異なっている。被害者として、従軍慰安婦が一方的な性奴隷であったと証言する元慰安婦がいる一方で、しばしばそうしたものとして描かれたように（たとえば『兵隊やくざ』という映画などに典型的なように）、慰安婦と兵士の間に交情があったとする、元兵士側の証言も当然ある。

となると問題は、様々の証言の中で事実を物語っていると思われるものを取り入れ、そうとは思われないものを排除していくこと、つまり証言を取捨選択し、一つの事実とそれにふさわしい解釈を選択していくのか、あるいは、すべての証言を認め、事実や解釈の多様性を認めていくのか、という問題になる。おそらく通常歴史家が行なっているのは前者の作業である。もちろん歴史家の多くは歴史にある相対的な側面を認めてはいるが、それでもなお事実とか解釈に関しては受け入れうる共通したものがありうる、ということを歴史研究の基本的な姿勢としている。またそうした考え方は歴史家ばかりでなく、広く一般的にも受け入れられている考えだろう。

こうした考えに鋭い問題を投げかけたのが、フェミニズムの代表的な論者であり、また構築主義的な議論をもとに、これまでの日本の様々な思想的枠組みを批判している上野千鶴子である。上野は『ナショナリズムとジェンダー』（新版）で、慰安婦と旧兵士が同一の出来事を異なって認識をしているという問題をむしろ積極的に認めてこう記している。

「『さまざまな歴史』を認めるということは、あれこれの解釈パラダイムのなかから、ただひとつの『真実』を選ぶということを意味しない。歴史が、自分の目に見えるものとはまったく違う姿をとりうる可能性を認める、ということだ。歴史が同時に複数のものであることを受け容れるということである。歴史はいつでも複合的・多元的でありうる。ここではただひとつの『正史』という考えが放棄されなければならない。歴史のなかで少数者、弱者、抑圧されたもの、見捨てられたものたち・・・それがたったひとりであっても、『もうひとつの歴史』は書かれうる。」（一四〇～一頁）

さらにまた上野は、

「ふたつの『現実』の間の落差がどれほど大きくても、どちらの一方が正しく、他方がまちがっている、というわけではない。ただし権力関係が非対称なところでは、強者の『現実』が支配的な現実となって、少数者に『状況の定義』を強制する。それに逆らって支配的な現実を覆すような『もうひとつの現実』を生み出すのは、弱者にとってそれ自体が闘いであり、支配的な現実によって否認された自己をとり戻す実践である」（一七七頁）

とも記している。一見矛盾するようだがこの議論は、

「上野は・・・歴史の『真実 truth』や『事実 fact』が実在するのではなく、ただ特定の視角からの問題化による再構成された『現実 reality』があるだけだとし、従来文書の補完物とされていた『語り』に、あえて積極的にコミットすることを主張する。つまり従軍慰安婦たちの『語り』は、矛盾し、一貫性に欠け、現在から構築された記憶にすぎないかもしれないが、歴史とはすべて現在から構築されるものである。したがって、構築されていることは、『語り』という証言行為にだけあてはまるような属性ではない。むしろ、すべての歴史叙述が現在から構築されたものだということを認めたうえで、文書中心主義的実証主義から離脱しなくてはならないというのである」

と、上野が編纂した論集で（『構築主義とは何か』）で千田有紀が指摘するように（二五頁）、公的な文

書史料に偏りがちであった、またそうした史料を基礎に一つの正しい事実と解釈を構築してきた、あるいはしがちな、実証主義的な歴史学を批判し、それがたとえ首尾一貫しない、曖昧なものであっても、これまで歴史から排除されてきた他者の視点からの歴史を構築することを主張しているものであり、その意味ではきわめて的確な、正当な主張である。

このようなギンズブルグや上野の主張の意図は、もちろん「様々な歴史」の中から権力の場にあるものによって、強圧的に、あるいは一見合理性をもつものとして、選択されたものが、「ひとつの」「正しい」歴史というかたちをとっていることへのラディカルな問いかけにあるのであって、彼らはいたずらに恣意的な歴史を作りだそうとしているわけではない。制度化された歴史からは取るに足らないものとして排除された他者の復権を目指し、そうした他者の目からの歴史、あるいはそうした他者そのものについての歴史を書き記そうとするものである。しかし、こうした主張が同時に引き起こす問題は、それが、現実の社会の中で現実的な権力構造を支えるものとして登場している議論に、本当に論理的に対抗しうるのかということだろう。

たとえば、もしたった一人の証言によって歴史が再構成しうるのなら、南京虐殺事件について「当時南京に滞在していたが、虐殺と言われるような事態は目撃することはなかった」として虐殺の非実在を主張する証言はどう取り扱われるのだろうか。ホロコーストについての、「収容所で働いていたが、ホロコーストというような行為は行なわれなかった」とする証言はどのように取り扱われるのだろうか。

もとより南京虐殺事件やホロコーストの非実在が執拗なかたちで議論されるのは、実は証言、それもたった一人の証人によるものではない、非実在を論ずる「多数」の証言があるからなのである。そのようなかたちで対立しあう証言は、どのように取り扱われていけばよいのだろうか。南京虐殺事件やホロコーストという歴史認識の問題に限らず、現代社会にあってはメディアをとおしての操作技術にみられるように、真偽をとりまぜた多様な証言を意図的に流布させることによって、真実を不明なものとするということは、私たちを様々な領域で支配・管理する権力が、日常的にもちいている最も有用な手法である。そうしたなかで「たった一人の証人」の証言はどのようにして多くの人々の受け入れるところになるのだろうか。くわえて歴史の相対主義を前提としながら、実は権力に都合のよい認識を強要しようとする論理に、どのようなかたちで対抗しうるのだろうか。

第3章　ポストモダニズムが論じたこと

第1節　モダニズムとその批判

歴史が疑うことのできない事実のみによって構成されてきたと考えることには、明らかな誤謬がある。そのことは歴史的にみて歴史がどのようなものであったか、ということを考えれば容易に理解できる。たとえば多くの社会では、かつて人間の社会は神意によって創世されたものと考えられていた。聖書の創世紀の物語であれ、ギリシア神話であれ、天孫降臨説であれ、多くの人々にとって過去は有限のものであり、彼らはそれほど遠くない過去を、神と人間が混淆していた時代として認識していた。もちろんそのような歴史は、事実のみによって構成されていたわけではない。

やや欧米中心主義的な偏りをもった議論なのだが、歴史観が大きく一変したのは近代以降のこととされる。現在私たちが抱いているような歴史観を作り出したのは、ルネサンス以降に始まった合理的な、科学的な人間観・社会観であった。Ｅ・Ｈ・カーが『歴史とは何か』で「一九世紀は大変な事実尊重の時代でありました」と述べたように、近代的な歴史学の発展とともに、疑うことのできない確たる事実――「歴史における事実という硬い芯」(a hard core of historical facts)――があることが、歴史認識の前提とされるようになったのである。疑うことのできない歴史の事実、別の言い方をすれば客観的な事実、という歴史認識のあり方は、とりわけ近代社会が生み出し、そして維持してきたものである。

歴史認識においてばかりでなく、確たる事実への信頼は、近代社会を大きく支えた。合理的な手続きを経さえすれば、人間は対象世界（事実）を客観的に認識できる、それどころか対象世界における一般的な科学的法則をも発見できる、という信念は、その合理的な手続きとしての経験論、実証主義、そしてそうした手続きを経た対象社会の認識・操作の主体としての人間、という近代社会における基本的な価値を構成した。

こうした価値が私たちの社会に肯定的な役割を果たしてきたことを否定する人はそれほど多くはないだろう。近代における科学技術の発達は、間違いなく人類に物質的な豊かさをもたらした。物質的な豊かさは、多くの領域での文化的な向上をも生み出してきた。しかし、一方で問題とすべきは、近代のもう一つの側面、つまり否定的な側面である。近代批判を生み出した問題である。近代への批判は、当然のことながら近代の形成とともに繰り返されてきた。おそらく批判は、近代以前の立場から近代を批判するもの、近代の中から近代を批判するもの、近代を超える立場から近代を批判するもの、そしてそれらを折衷したものとに分けることができる。

様々の近代への批判の中で、近代を超えた立場から近代を批判する立場に立とうとしているものが、ポストモダニズムである。ポストモダニズムという立場は、この本のテーマに重要な関わりがある。というのは、これから紹介していくように、ポストモダニズム、とりわけその一つの流れと考えられている脱構築論という主張は、近代を支えてきた思想的根拠、既に簡単にふれてきた事実の確実性という問題に、根底的な疑問を提示したからである。それはどのようなかたちで提示されたのか。そしてそのことは、歴史という問題を考えることにとってどのような意味があるのだろうか。その問題を考えていくために、この章ではまずポストモダニズムと言われる思想的な流れを、代表的な思想家の主張をたどりながら、順を追って説明していく。

その前に、少しポストモダニズムという言葉についての前提的な説明をしておいたほうがよいだろう。ポストモダニズムという言葉自体そのものは、それほど難しい言葉ではない。近代、もしくは近代主義とか、近代性と訳される「モダニズム」という言葉の前に、「ポスト」という言葉が置かれただけだからである。「ポスト」という言葉は、ある物事の後に生起するものを指す。したがってポストモダニズムという言葉は、本来はモダニズムの後を継ぐもの、つまり後継者となるもの、という意味である。くわえて既に述べたように、近代を超えるといったニュアンスも含む。

この言葉は、一九三〇年代にスペインのフェデリコ・デ・オニスによって、近代主義と呼ばれる二〇世紀初めの芸術運動に対する批判的流れを指すものとしてもちいられ始めたとされているが、一九六〇年代後半から一九七〇年代前半の時期に、アメリカの社会学者や批評家がもちい始めてから幅広く使用されるようになった。以降ポストモダニズムという言葉は、とりわけ欧米の思想界では一つの「流行」となった。批判的な著作を含めて関連する数多くの著作が出版され、その内容をめぐっての議論が一時ほどではないにしても、現在でもなお行なわれ続けている。

そのなかで最も有力な議論の一つは、ポストモダニズムを文化的な枠組みから捉えようとするものである。というのは、近代を象徴する一つの側面である資本主義的な経済システムは、様々な問題や矛盾を孕んでいるとはいえ、システムそのものとして終焉したわけではないからである。この点では、なお近代は継続していると言える。しかし、私たちの前では、とりわけ生活や文化の中では、多くのことが急速に変化していて、そのことは人間そのもののあり方を大きく変化させている。その点では、かつて近代社会として存在していたものと、私たちの社会は大きく異なり始めている。つまり文化的な側面から見れば、私たちはモダニズムという条件を離脱して、ポストモダニズムという条件に生きている、というのがポストモダニズムの一つの理解である。

したがって、ポストモダニズムという言葉は、幅広い文化的領域における近代とは質的に異なる現代的な特徴を示すものとしてもちいられている。都市の建築様式、絵画、音楽、文学といった芸術の分野、とりわけポップ・アートでの新しい試み、そして思想、学問分野における新しい試み、とりわけ近代への批判、懐疑、反逆を表現する文化的様式を目指す試みを指す言葉として、ポストモダニズムという言葉はもちいられている。

多面的要素をもつポストモダニズムの中で、この本とかかわるのは思想的・学問的分野でのポストモダニズムである。既にここまで行われてきた議論からある程度理解できるように、思想的・学問的分野でのポストモダニズムが問題とするのは、モダニズムを支えてきた知である。つまりモダニズムの基盤となってきた知を批判する立場にポストモダニズムは立っている。科学性、合理性、普遍性、そして事実の確実性という私たちが常識的に受け入れてきたものこそ、ポストモダニズムが思想的に問題としていることなのである。

第2節　記号表現・記号内容

ポストモダニズムが事実の確実性は疑いうるとした根拠の一つは、事実が事実として実在しているとしても、それを私たちが認識する場合には、基本的には言語を媒介としていることである。ここから言語が実在を忠実に反映していなければ、実在は確実なものとして人間に認識されないことになるのではないか、という疑問が生じる。そうした問題を提起した人物として知られるのが、スイスの言語学者であるソシュールである。ソシュールは時代的にはポストモダニストの世代には属してはいないが、ポストモダニズムの思想的流れを説明していくためには、やはり必要な人物である。

ソシュールの主張として最もよく知られるのは、たとえば「犬」というような言葉を、「犬・イヌ」というような表記・発音と、その言葉によって意味される「犬」の属性とに区別したことである。ソシュールはこの両者のうち前者を「記号表現」(フランス語で signifiant、英語では signifier。日本語では「能記」とも訳されている)、後者を「記号内容」(フランス語では signifié、英語では signified。日本語では「所記」とも訳されている)と呼び、それが全体としての「犬」という「記号」(フランス語では signe、英語では sign)を構成しているとした。記号表現、記号内容というのは用語としてはやや理解しにくいが、もう少しわかりやすく言えば、文字や音声というかたちをとる「記号のかたち」、それによって示される「概念・内容」、と理解すればよいだろう。

そこから彼が主張したことは、「犬」という文字や「イヌ」という音声は、それ自体として「犬」を表しているわけではなく、「犬」という記号表現が示す概念は、「猫」「ネコ」という記号表現が示す別の概念（これは「人間」「ニンゲン」であっても、あるいは「石」「イシ」であっても、何でもよい）と区別されることによって、つまり他の概念との差異において、意味を与えられている、ということである。つまりソシュールは、「犬」という記号はそれ自体としては固有の意味をもたない、と主張した。「犬」とか「猫」という記号は、ソシュールによれば、所与の実在を反映するものではなく、むしろ私たちが行なっている恣意的な分割であり、カテゴリー化である、ということになる。

このことは、「青」「緑」「黒」といったような、色を識別する言葉を例にとったほうがもっとわかりやすいかもしれない。いまここで示されている文字からもわかるように、色鉛筆で書き分けられていない以上、「赤」「黄」「黒」という文字をいくら見ても、それぞれの色がそこに実在しているわけではない。「アカ」「キ」「クロ」という発音にもそうした色の属性が含まれているわけではない。そもそも色は光線の反射状態によって生じているわけだから、無限に分割することができる。虹はよく見れば七色ではない。二〇色にも一〇〇色にも、あるいはそれ以上にも見えるはずである（コンピューターは色を七八〇×一〇八〇色に分解している）。音階も十二音階にではなく、もし私たちがより正確な繊細な音感を持てば、五〇音階、一〇〇音階、あるいはそれ以上に無限に分けることができるはずである。虹はよく見れば七色ではなく、音もよく聞けば十二音階ではない。特定の型に作り上げられた文化の中で、便宜的に、あるいは恣意的に七色に、十二音階に分割されているだけである。虹の色は私たちによって七色に恣意的にカテゴリー化されているのであり、絶対的に七色なわけではない。

ソシュールの議論を説明するために、前の文章で私は色を示す漢字とカタカナをもちいてみた。記号の属性と記号によって指示される内容の対応性が乏しいことを示すためである。しかし、この議論は日本の読者にはわかりづらいことがあるかもしれない。その理由は、ソシュールの議論は表音文字であるアルファベットを素材としたものであるため、表意文字であり、デフォルメが進んだとはいえ象形文字的要素がなお残されている漢字を例にとると、やや議論のニュアンスが異なるからである。たとえば「凹」「凸」のような文字、「一」「二」「三」というような文字を例にとれば、記号表現と記号内容には近似性があると言うこともできる。

実は似たようなことは、表音的な言葉に関しても言えないわけではない。たとえば「ワンワン」「ニャーニャー」といった擬声語は、記号表現と記号内容にはなお高い関連性があると言える。しかし、ここで思い出すべきは、日本語の「ワンワン」は英語では「bow wow」であり、「ニャーニャー」は「mew」である、ということである。言語によって「犬」や「猫」の音声は、それぞれの記号表現は異なっていても、記号内容に関しては相対的には近似性が存在していると言えないわけでもない。

しかし、はるかに重要なことは、同一の事物であっても言語が異なれば異なった記号表現によって表される、ということである。言語によっては、つまり文化や時代が異なれば、区別されるものと区別されないものがある、ということである。親族関係に関する表現は言語によって異なる。色の区別・分割は、これもまた言語によって異なっている。さらに同じ言語であっても、時代が変わると同じ「記号表現」は異なる「記号内容」を意味する。平安時代の「黒」「緑」「青」は、現在の「黒」「緑」「青」ではない。つまり「記号表現」と「記号内容」の関係は、それをもちいる人々によって差異のある相対的なものである、ということなのである。

さらに付け加えると、相対的なものである以上、「黒」「緑」「青」は絶対的な特定の色を示しているわけではなく、それぞれの相対的な関係によって定められているにすぎない。つまり「黒」「緑」と区別されるがゆえに「青」であり、「藍色」「紺色」「空色」と区別されたり、されなかったりするものが「青色」なのであって、絶対的な「青」、「青色」が存在しているわけではない、ということなのである。

要約するとソシュールの言語理論と言われるものは以上のようなものである。理解しにくい部分があったかもしれないが、一言で言えば、言語（記号表現）というものは相対的なものであり、お互いの相互的な関係によってその意味（記号内容）を作り出している、ということである。

第3節　通時的・共時的

以上のことと並んで、ソシュールが主張したこととして知られているのは、後に文化人類学者であるレヴィ＝ストロースが使用したことによって広くもちいられるようになった（そして最近では歴史学でももちいられている）「通時的」（diachronic）、「共時的」（synchronic）という概念である。

この二つの言葉は日常語としてはあまりもちいられてはいないが、それほど難しい言葉ではない。通時的というのは時間の経過の中でものを考えていくこと、言いかえれば変化という枠組みでものを考えていくことであり、共時的というのは時間が停止しているものとして、同じ時間的な枠組みの中に存在しているものの相互的な関係を考えていくことである。

存在する事物にはこの二つの側面がある。たとえば言語には、それを成り立たせてきた歴史的経過がある。様々な言語が混ざり合い相互的な影響を与えあったことにより現在の言語は成り立っている。中国の文字であった漢字は現在日本語でもちいられている。日本語では漢字ばかりでなく、漢字が表音文字化したひらがなやカタカナが現在ではもちいられている。多くの欧米語の単語の語源をたどれば、ラテン語とギリシア語と、そして土着的な地域的な言語へとたどりつく。したがって多くの単語は、その言葉を歴史的に構成してきた諸要素に分解して説明することができる。文字もまたそうしたものとして歴史的に説明できる。たとえば現在は表音文字としてもちいられているアルファベットは、本来はフェニキア人がもちいていた表意文字であった、というようにである。

しかし、私たちが日常的に言語をもちいる場合、もちろん言語の歴史的特性をまったく無視しているわけではないが、一般的にはあくまでもその言語が現在という時点においてもつ意味において使用している。たとえばアルファベットの個々の文字が象形文字として本来それが表意していたものとは関係のないかたちで、欧米語の単語は作られている。この場合アルファベットは、ただたんにその組み合わせによって作られた単語のそれぞれが、お互いに何を意味し合っているのか、ということを示すためにもちいられている、ということになる。

つまり言語は通時的に形成されてきたものであるが、言語が言語として機能するのは、一般の人々にあっては、それぞれの記号表現が何を記号内容としているかということの構造的な相互関係、つまりは主として共時的な意味合いにおいてである、とソシュールは主張した。ソシュールの言葉をそのまま借りれば、「共時態は通時態に優越する。話す大衆にとってそれが唯一の現実だからである」ということが、ソシュールがその言語理論をとおして論じたことであった。

このソシュールの考え方は、先に紹介したようなレヴィ＝ストロースなどによって取り入れられ、構造主義的な考えを生み出す一つの根拠となったとも言われている。つまり通時的な見方、変化とか発展を重視する見方を批判し、むしろその時々に存在している相互的な関係のほうにより大きな価値を置き、そこから個別的な物事の意味を全体との関係から意味づけようとする構造主義の考えと、ソシュールの言語論には共通したものがみられるからである。

一見すると当たり前のことであってそれほど重要なことではないと思われがちだが、ソシュールやレヴィ＝ストロースが論じた「共時態は通時態に優先する」という考えには重大な問題が含まれていた。自らが直接観察し、体験できる共時的に存在しているものこそ、対象に対する正確な理解を生み出すという考えが、そこには示されていたからである。このことは、直接体験し得ない過去に自らを系譜づけることによって現在を正当化するものとして存在してきた歴史的思考、つまり通時的な認識のあり方を批判することへの根拠を与えた。

と同時に、レヴィ＝ストロースによって提起されたのは、現在の世界の中で共時的に存在している多様な社会にあるそれぞれに固有の構造や意味であった。つまり近代以後「発展した」西欧からは劣るものとして、「未開」とか「野生」として取り扱われてきた社会や文化にある固有性を、固有性として見ていくこと、西欧的文化とは別個の異なる構造や価値をもつ主体として評価していくということである。このこともまた、進歩という枠組みをとおして過去を現在に劣るものとして位置付けた思考を批判する根拠となった。このことがこれまでの歴史を強く批判するポストモダニズムという考えに、その根拠の一つを提供していくのである。

第４節　作者の死

構造主義の起源とされ、言語学の領域において広く受け入れられるようになったソシュールの議論は、発表当時から大きな影響力があったわけではない。現在私たちがソシュールの考えを知る手がかりとして利用している『一般言語学講義』は、その題名が示すように、ソシュールの死後の一九一六年に、彼の弟子たちが講義の内容を聴講した学生のノートを再構成し、出版したものである（その後四〇年以上たってからノートそのものがオリジナルなかたちで『原資料』として刊行されている）。

『一般言語学講義』の翻訳が最初に出版されたのは日本である（一九二八年に『言語学原論』として小林英夫によって訳出された）。またドイツ語、ロシア語、スペイン語への翻訳出版はそれぞれ一九三一年、一九三三年、一九四五年に行なわれたが、英語への翻訳は一九五九年まで行なわれなかった。この時期のソシュールの影響が実際にどの程度であったかを議論することは難しい問題だが、やはり読者層の最も大きな英語への翻訳が遅れたことからみて、その国際的な影響力は限定的なものにとどまっていたと考えるのが常識的な判断であろう。

そうしたなかで、ソシュールの考えを認め、自らの考えに取り入れたとされているのが前出のレヴィ＝ストロースである。また批判的なかたちではあるが、フランスの現象学派の哲学者であるメルロ＝ポンティもまたソシュールの理論への関心を示し、その理論に言及している。しかし、ソシュールの理論を取り入れ、彼の影響力を高めた人物であるとされるのは、フランスの批評家であったロラン・バルトである。バルトの代表的著作である『神話作用』が一九五七年に刊行された前後の時期の頃から、ソシュールがもちいた前出の「記号表現」「記号内容」「記号」といった言葉は、とりわけ文化的な、思想的な領域において一般化するようになったとされる。

バルトの議論としてよく知られているのは、現代社会の政治や日常にある記号の意味を分析したことである。その例として彼がもちいたのは、プロレスである。バルトによれば、なぜ観客がプロレスを楽しむことができるのかというと、それは観客が全体の筋立てをあらかじめ理解しており、そのことを前提として個々の技の掛け合いを理解しているからである。

この例にみられるように、記号である言語を人々が理解できるのは、一つの文化の中にいる人間が、その文化が作り出している体系を全体として理解し、部分として機能している個々の言語の意味を理解できるからである、というのがバルトの指摘したことであった。このように暗黙の記号体系が、日常的な民衆文化の中で人々によって了解され規範化されていること、そしてそれがしばしば政治権力によって構造化されていることをバルトは神話作用と呼び、現代社会の特質として論じたのである。こうしたバルトの指摘は、日常的な文化やそこでもちいられているコミュニケーションのあり方に着目し、それを分析の対象としたカルチュラルスタディーズと呼ばれるような日常的な民衆文化研究の一つの契機となったとも言われている。

このような考えをもとにバルトは、現実や思想を相対的なものとして理解した。そのことを端的に示すためにもちいられたのが、「真実性効果」(reality effect) という言葉である。既に論じられてきたことと重なる部分があるが、簡潔に整理すればこの言葉が示していることは、言語的な表現というものは真実や実在に厳密に対応するものではなく、それらがあたかも真実や実在を示しているように見えるのは(そしてそのことをとおして私たちが実在や事実を認識していると錯覚してしまうのは)、言語があたかも実在や真実を表象しているかのように見せる枠組みが存在しているからだという主張である。

つまり記されたものが真実のように見えるのは、それを真実であるとする社会的構造があるという議論である。別の言い方をすると、この議論が含意していることは、そうした全体的な構造を問題とすれば、これまで真実とされていたものも必ずしも真実ではない、という議論も成り立つということである。こうした議論は、後に紹介していくようなテクスト論とか物語論という議論と重なり合う内容を含むものであった。

またバルトの考えとしてここで紹介しておかなければならないことは、「作者の死」(la mort d'auteur) という考えである。この考えは簡単に言えば、私たちがなんらかの書物(テクスト)を読む際に、そこには作者の正しい意図を読み取るというような行為はありえない、という主張である。私たちが親しんでいる考えとはやや異なる考え方である。

通常私たちは、作品の意図を、意図どおり厳密に読むことが正しい読み方であると考えがちである。たとえば中学や高校、あるいは入試の「国語」では、作品の内容や作者の意図を「正確」に理解することが「正解」とされているし、大学での文学者や文学作品の研究はいまなおそうしたことを基本的な課題として設定している。文献講読の授業はそういうことを目的として行われている。

しかし、一方では作者の考えは、読者にはそのままのものとして読み取られて（受け入れられて）はいかないということも、日常的な体験から理解できる。私たちはふだん本を読んでも（別に本でなくても映画でも、音楽でも、美術作品でもかまわないが、それらを見たり、聞いたりしても）、その内容、とりわけ作者の意図を完全に理解するわけではない（内容が難解であればあるほどそうである）。それどころか、その理解の内容は、一度目と、二度目と、三度目ではそれぞれに異なる。

バルトの議論は後者の側に立つものである。バルトが基本的な問題として取り上げたのは、作家が明確な個人として登場するようになった近代における文学をはじめとする様々な芸術の形式であった。これらは、「近代的自我の形成」を象徴するものとして一般的には肯定的に評価されている。しかし、そのことは逆に作品に対する作者の意図を固定し、読み手がそれをどう理解するのかということを固定している。そこにあるのは、作品をとおしての作者と受け手（そしてその中間に存在する批評家や学者）のスタティックな上下関係である。バルトが批判しようとしたのはそうした問題であった。

こうした問題意識からバルトはまず、小説などにみられる言語形式の分析をとおして、必ずしも作者は作品とは一体のものではないと論じた。また時間的にみても、私たちがテクストを読む時、私たちの前に現存しているのはテクストであり、作者ではない。またテクストは作者が特定の（言語）形式にしたがって、様々な意味を結び合わせることによって成立しているものである。したがってそれは「引用の織物」「記号の織物」でしかなく、常に作者は、先行する作品の中の様々な多元的な要素をもちいて、あるいは模倣して作品を書いているにすぎない、とも指摘している。

ここからバルトは、テクストは読まれるということをとおして意味をもちうるものである、と主張した。重要なことは、受け手のほうが作品をどう理解したのか、ということのほうであり、受け手の数が無数であり、そして作品が発表された時代とは異なる時代の人々によっても、読まれたり、聞かれたり、見られたりしていく以上、作品は作者の意図とは異なったものとして存在しているし、存在し続けていく、ということなのである。このように、作品を発表した時点で作者の意味は、その作品に投企した意図を含めて失われるということを比喩的に表現した言葉が、「作者の死」という言葉である。こうした立場に立ってバルトは、テクストを読むという行為は、作者（の意図）を解読することではなく、テクストを構成している多元的要素を解きほぐしていくという行為であり、テクストの中に存在していた多元性を収斂するのは読者の側である、と主張したのである。

書き手という主体が、他者である多様な読み手によって拡散され、溶解させられていくという事実を示したバルトの指摘は、主体としての自己の確立をテーマとした近代の根拠を問うものであった。過去の主体は現在という他者によって解体され、現代にある主体もまた未来によって解体され、けっして固定的な主体としては確立されることはないということが、そこには含意されていたからである。

第5節　差異と差延

バルトの考えは、ヨーロッパ哲学にある一つの基本的な考えを示すものでもあった。それは「パロール」（parole）と「エクリチュール」（écriture）の関係という問題である。ここでは日本ではよく使われているフランス語の表現をもちいたが、パロールというのは、話すこと、あるいは話し言葉とか会話のことであり、エクリチュールというのは、書くこと、書き言葉、著作といったような意味である。

パロールとエクリチュールの関係は、しばしばソクラテスとプラトンの関係として説明される。その理由は、ソクラテスは自らの思想を著作としては、つまり書かれたかたちでは残さず、弟子であるプラトンがソクラテスの行った対話を著作として残したからである。

ここから、ソクラテスの思想を知る唯一の手がかりであるプラトンの著作は、本当にソクラテスの思想を伝えているのか、という問題が生じる。つまり私たちがソクラテスの思想と考えているものは、ソクラテスのものではなく、本当はプラトンの思想ではないのか、という疑問である。

また同時に生じてくる疑問は、実際の場の対話、つまりパロールとして行われていたものを、エクリチュール、つまり書物とすることによって、本来のパロールの内容が変質、もしくは喪失したのではないか、という疑問である。

先に紹介したような言葉をもちいれば、パロールは共時的な場で行われるものである。それが書物化され、そして代々読まれていくということは、パロールの中にあったものが通時化するということである。このように考えた時、エクリチュールはパロールを忠実に表現するものではなく、むしろそれを変質させていくものとして理解されることになる。

以上のような問題関心と議論をさらに発展させた人物が、フランスの哲学者であるデリダである。デリダの主張としてよく知られているのは、「差異」（différence）、「差延」（différance）という考えである。デリダが問題としたことは、簡単に言えば「記号表現」と「記号内容」の関係は固定的なものではないのでは、ということである。

たとえば「人」とか「男」というような単語を辞書で引くと、そこには多くの意味が記されている。「人」とか「男」という単語（記号表現）に多くの意味（記号内容）が記されているのは、その単語の意味が、もちいられている文脈によって異なり、また歴史的に変化してきたからである。言葉の意味は、「誰が、いつ、どのような場合に、そしてどんな文脈でもちいるかによって」「差異」（différence）がある、ということなのである。

さらに、そうした差異を確定することはできない、ということを意味する言葉としてデリダがもちいたのが「差異が延々と継続していく」という意味で、日本語では少しわかりにくい「差延」と訳されている différance という言葉である。異なる・違うという意味の動詞 différer（英語では differ）の名詞形にあたる言葉である différence の語尾の部分にある「e」を「a」に置き換え、同時に différer の意味、「延期する・延ばす」という意味を含みこませて、デリダが造りだした造語である。

この二つの言葉をデリダは発音は同じものとして造りだした。「差異」「差延」と訳されるとそのニュアンスが消えてしまうが、わかりやすい例をとると「違い」と「違ひ」あるいは「違ゐ」という感じである（もちろん厳密には「い」と「ひ」と「ゐ」の発音は区別されるべきものであるはずだが、「最近」では、そして「地方」によってはこの区別は行なわれなくなっている）。

日本語では「違い」と「違ひ」「違ゐ」の差は、地域的、歴史的なものにもとづいたもので、意味そのものに違いはないが、デリダは「差異」（différence）と「差延」（différance）という言葉を微妙に異なる意味合いにおいてもちいた。二つの言葉が異綴・同音語なのは、そうした微妙な違いをニュアンスとして示そうとデリダが考えたからだろう。というより、「差異」（différence）のもつ構造をより鮮明にするために「差延」(différance) という言葉をもちいたといったほうがよいかもしれない。

再び単語の意味を辞書で引くという例に戻ると、私たちがある単語（記号表現）の意味を知ろうして辞書を引いても、辞書に書かれているのは、たとえば「人」は「万物の霊長である」というように、別の記号表現（の組み合わせ）でしかない。つまり単語（記号表現）の意味は、別の単語（記号表現）の意味に依存している。したがって辞書を延々と引き続けて、単語（記号表現）の意味をたどり続けても、その意味は決定されることなく、際限のない記号表現の連鎖の中にしか存在していない、ということなのである。

そのように「差異」というものは固定的なものでなく、「延々」と存在し続けていく。そしてそのことは辞書の中という世界にだけ見られることではない。既に紹介したように、書かれたものは常に相対的なものとして理解されていく。それればかりではなく、私たちの文化にある事柄は、常に相対的な解釈が行われ、意味の固定しがたいものとして存在している、ということがデリダの主張したことであった。「差延」という言葉（というより訳語）はそうしたデリダの主張を示すためにもちいられた言葉なのである。またそうした差異が持続するばかりでなく、拡大し、増殖していくということを示すためにデリダはまた「散種」(dissémination) という言葉ももちいている。

第６節　表象

ソシュールにはじまる言語論には重要な思想的意味が含まれていた。言語はそれ自体としては実体を反映せず、言語によって表されている意味は本来的なものではなく、常に言語同士の相互的な関係をとおしてかたちづくられているという主張は、またその相互的関係が常に変化することによって、言語が表す意味もまた変化し続ける確定しがたいものであるとする主張は、言語そのものへの信頼に対する本質的な疑問を提示するものであったからである。

くわえてこのように言語が不確かなものであるのなら、言語をとおして認識されてきたものもまた捉えがたい不確かなものになってしまう。私たちが実在と考えてきたことも、それが自己であれ、歴史であれ、それらへの認識が言語によって組み立てられている以上、言語と同様に不確かなものでしかない。逆に言えば、言語をとおしてあたかも確かな実在であるように思われていたことも、それが不確かな言語によって組み立てられているものにすぎないということに気がつきさえすれば、確たる根拠を失い、解体されていくことになる。

こうした一見すると懐疑主義的な立場が、デリダが使用した言葉から広まり、現在では幅広く使用されるようになっている「脱構築論」(deconstructionism) と言われるものである。「脱構築」(deconstruction) という言葉は、もともとはデリダが、ハイデガーがもちいた「解体」(ドイツ語では、Abbau, Destruktion) という言葉の翻訳にもちいた言葉とされる。ハイデガーが従来の西洋哲学の基本的枠組みを批判する際にもちいた上述の「解体」という意味の単語を、そのまま直訳せず (フランス語に直訳すればスペル上は英語と同じ destruction となる)、ややニュアンスを変えるためにコンストラクション (construction) という単語の上に否定などを意味する接頭語 (dé) をつけたデコンストラクション (déconstruction) という言葉にデリダが翻訳したとされている。

このことなどから、デリダによって始められたとされる脱構築論は、ハイデガーの影響を受けたものであるとしばしば論じられている。よく知られているように、ハイデガーは、ヨーロッパの伝統的思考、とりわけデカルトの「われ思う、ゆえにわれ在り」という言葉によって知られているような、自己存在の確実性を媒体とした対象世界の明証性といった議論を批判した人物である。自己存在はそのように確実なものではない。したがって自己存在を媒体として認識されている事物もまた確実なものではありえない、とするハイデガーの主張を、さらに認識の媒体となっている言語にまで議論を進めて、実在の不確かさを主張したのがデリダである。

デリダの脱構築論の思想的意味は、しばしば「現前の形而上学」「表象の透明性」という考えを破壊したことにあるとされる。ここでもちいられている「現前」「表象」という言葉は、（もちろん「形而上学」という言葉も）一般にはきわめて理解しにくい。日常的な日本語ではないからである。しかし、「現前」（presence）とか「表象」（representation）という言葉はこの本の中ではこれからも重要な役割を果たしていくので、その意味をここで少し説明しておきたい。

スペルを見るとわかるように、「現前」と「表象」は関係している。「現前」はプレゼンス（presence）、「表象」はリプレゼンテーション（representation）という単語であって、語幹には同じ言葉が含まれている。プレゼンスという言葉はアブセンス（absence＝欠席・不在）という言葉の対語として日常的に使われている言葉なのだから、「存在」とか「実在」という訳語でもよいのではと思うが、そのそれぞれにはエグジステンス（existence）、リアリティ（reality）という単語があるために、プレゼンスという言葉の哲学的側面を示す際には「現前」というように訳されている、ということなのだろう。

プレゼンテーション（presentation）という言葉に、繰返しないし再帰を意味する接頭語（re）をつけたリプレゼンテーションは、そのままの意味としては再び現前化するという意味であるが、くわえてリプレゼンテーションは、一般には「代表する」（represent）の名詞形の「代表」という意味でももちいられている。こうした用法の代表的なものとしては、代議政体（representative government）というような言い方が挙げられる。

このことからリプレゼンテーションは「代行再現」と訳されたりすることもある。再現でも原語の意味は十分に伝わるが、現前していたものはそのままのものとして再現されない、つまりなんらかのものに（たとえば言語に）かたち（象）を変えて表されている、ということを表すために表象という訳語がもちいられているのだろう。つまり、現前していたもの、現前しているもの（たとえば実在、真理）は、なんらかのもの（たとえば言語）によって表象されている、ということである。この場合、伝統的には現前と表象は明確に対応している、あるいはしうると考えられていた。「現前の形而上学」「表象の透明性」というのは、そうした対応関係を示す言葉である。

デリダの脱構築論は、言語と実在のそうした対応関係に根本的な疑問を提示し、言語によって表象されているあらゆるものに根底的に懐疑を投げかけるものであった。言語のような表象は、人間が作り出したものであって、実在ではないにもかかわらず、それが秩序を構成してしまう、そのことをデリダは批判したのである。したがって表象を分解し、表象によって見えなくなっているものを見えるようにする、脱構築論というのはそうした考えである。

以上でデリダの考えを借りて「表象」という言葉について説明した。ここで最後に付け加えておくべきことは、後にもこの問題にはふれるが、ポストモダニズムの立場に立つ歴史家の中には、リプレゼンテーションという言葉をもちいること自体に懐疑的な歴史家もいることである。

なぜなら歴史は、過去に現前（プレゼント）していたものを、「再び」現前化（リプレゼント）させてはいないからである。過去はそのままのものとして再び現前するのではなく、歴史という形式をとって、特定のかたちを与えられて、記されたり描かれたりしているのに過ぎないと彼らは主張する。こうした立場からは、リプレゼンテーションという言葉、つまり再現前化という言葉を使用するのは正確な表現とは言えなくなる。そのような議論がどのようなかたちで行われているかについては、また後にふれることにしたい。

第７節　テクスト論

以上ポストモダニズム的な立場に立つ議論を、言語論的な議論、脱構築論的な議論の流れにそって紹介してきた。そうした議論を論じる時に必要な議論がテクスト論という議論である。テクスト論といっても一般にはなじみが薄いかも知れないが、テクスト論という議論は、「テクストとしての社会」とか、あるいは「テクストとしての歴史」というようなかたちで、学問的には現在ではかなり頻繁にもちいられている。この言葉を現在もちいられているような意味で最初にもちいたのは、精神分析家であり、記号論者であったクリステヴァであったとされる。

テクスト論を説明するには、やはり「テクスト」（text）という言葉の意味から説明するのがわかりやすい。バルトの議論を紹介した際に、バルトがテクストを「引用の織物」であると論じていることを紹介したが、そのことからもわかるように、テクストという言葉の本来の意味は「編み合わされたもの」というものである。「テクスタイル」(textile) とか「テクスチャー」(texture) が織物であり、単語を編み合わせたものがテクストということになる。

つまりテクスト論というのは、単語とそれが示す対象、記号表現と記号内容の関係を、個々の語を対象との関係に限定する「記号論」(semiotics) 的な議論を、記号と記号を結び合わせたものと対象との関係についての議論に発展させたものである。ここで重要なのは、語と語の結び合わせは、語が単一で使用された時にはなかった意味を生じさせることである。テクスト論という議論は、語と語の結び合せからどのような意味が生じるのかを考察する「意味論」(semantics) 的な議論である。

したがって問題は、語と語がどのように組み合わされると、そこからどのような意味が生じるのかということとなる。たとえば「バラは赤い」という文章があれば、示されていることは時間的経過である。「一年前に植えたバラの種から、バラの花が咲いた」という文章では、時間関係の中での因果関係が示されている。なぜこの文章が時間的な関係の中の因果関係を示すのかと言うと、それは「(バラを) 一年前に植えた」というセンテンスと、「(今年) バラが咲いた」というセンテンスが組み合わされているからである。さらにこの文章には、種子から植物は生長するという一般的法則と、今年咲いたバラの花は去年蒔いた特定の種が成長したものである、という個別的な事実が指し示されている。

この例からわかることは、語と語の組み合わせには、単一のセンテンスという単純なものから、上述の例のようなセンテンスの組み合わせをさらに複雑に発展させたものがあり、そうしたなかで様々な意味が形成されるということである。意味論というのは、組み合わせによってどのような意味が生じるのかを分析する議論である。しかし、テクスト論という議論にとってこの本のテーマとの関わりで大事なのは、ここまで紹介してきた言語論的な議論からもある程度理解できるように、そのようなかたちでテクストを媒介として作り出される意味が、対象となる事象自体に内在しているものなのかという問いを生じさせたことである。別の言い方をすると、テクストは対象となる事象とは異なる独自のものとして作られているのではないか、という問いである。

この問いはそれほど不思議な問いではない。文章を書くとき、とりわけ小説のようなものを書くとき、私たちが行なうのは、自由な創作力、想像力をもとに、自分が意味付けようとするものをテクストとして表現することだからである。しかし、ここで大事なのは、とはいってもそうした表現は、完全に自由な想像力にもとづくものではなく、読み手が了解できる一定の事実にもとづく、読み手と共有する特定のコンテクストの中で生み出されるということである。したがって問題は、それが事実性に根拠を置くものであるのか、それとも書き手と読み手の間の共通のコンテクストに根拠を置くものであるのかということである。こうした視点に立てば、歴史は前者にその根拠を置くものであり、小説はジャンルにもよるが後者に根拠を置くものであるということが、一般的には議論されることになるだろう。

このようにテクストは実在を正確に表象するものではない。そのことを最も端的に主張したものとしてよく引用されるのが、デリダの語った「テクストの外には何もない」（Il n'y a pas de hors-texte.）という指摘である。デリダはそのことを、ルソーの『告白録』に登場する彼の母親の例で説明した。この母親について私たちが現在知ることのできる手掛かりは『告白録』以外にはない。ルソーの母親という過去の実在は、『告白録』というテクストにおいてしか（あるいはそれにもとづいて書かれた新しいテクストにおいてしか）存在せず、それ以外のかたちでは存在しえない。ルソーの母親について書かれ続けていくことがあるとしても、それは既に書かれたテクストにさらに新しいテクストが積み重ねられていくだけで、実在が現前するわけではないということを、デリダは「テクストの外には何もない」という言葉で表現したのである。

このような説明にもとづけば、私たちが過去の事実を記したものとして広く受け入れてきた歴史にとって、テクスト論という議論がどのようなことを意味しているかが理解できるのではないかと思う。つまり私たちが実在を知る手掛かりとしているテクストは、実在ではなく、あくまでもテクスト、つまり表象、でしかない。したがってテクストをいくら読んでも、私たちは実在に直接接することができるわけではない。できることは、テクストとテクストの関係を位置付けることでしかない（その意味で私たちがテクストを読み、そしてそれらを組み合わせることによって得ている知識は、必ずしも真理に対応するものとは言えず、相対的なものでしかない）。テクスト論は、事実性を根拠として成り立ってきた歴史の基盤を大きく掘り崩す可能性をはらんでいた。

こうした議論は、現在ではとりわけ脱構築論的な立場に立つ人々によって幅広くもちいられている。テクスト論は歴史認識の問題に大きくかかわる。この章で紹介してきた多くの考えと同様に、歴史を相対化するという側面があるからである。その問題は後に詳しくふれていくが、ここで指摘しておきたいのは、こうした議論がなぜ議論されるようになったのか、というその理由である。その最も大きな根拠となったのは、近代社会が近代社会に固有な言説によって支えられているのではないか、という問いであった。そうした言説を支える言語が近代社会の権力的な構造を支え、人々を支配しているのではないかという問いである。そのことが、私たちが日常的にもちいている言語、それを組み合わせたものとしてのテクストへの疑問を生み出したのである。

第８節　言葉の支配

言語が秩序を構成する、ということはそれほど理解が困難なことではない。ごく当たり前の日常生活にみられるからである。たとえば私たちはきわめてしばしば「正義」と「悪」、「真理」と「虚偽」、「新しい」と「古い」という対句的な表現をもちいる。しかし、冷静に考えれば気がつくように、二元論的な区分は、その区分が設定された時点で、問題を既に解決されたものとして措定する。議論以前に結論が出され、それが私たちを拘束している。

恣意的な二元論的な問題設定は、日常生活に満ち溢れている。それればかりか最近では「改革」と「守旧」という言葉のもちいられ方にみられるように、私たちを支配する政治の世界の常套句ともなっている。というより伝統的な人間の思考の中で、私たちを拘束し、支配するために重要な役割を果たしてきた。デリダが批判したのはそのことであった。

対談を集めた『ポジシオン』での、

「…古典的哲学におけるような〔二元的〕対立においては、われわれはなんらかの差し向かいといった平和的共存にかかわりあっているのではなく、ある暴力的な位階序列づけにかかわっているのだ、と。当該の二項のうち一方が他方を〔価値論的に、論理的に、等々〕支配し、高位を占めているのです。そういう対立を脱構築するとは、まずある一定の時点で、そうした位階序列を転倒させることです」(六〇頁)

という主張は、脱構築がなぜ必要だとデリダが考えたかを、明解に示している。

そのようなかたちで脱構築されるべき対象を近代に見出すとしたら、それは、客観と主観、科学と迷信、中央と地方、進歩と反動、普遍と特殊、正常と狂気、あるいは西洋と東洋、ヨーロッパとアジア・アフリカ、先進と後進といった区分にもとづく思考ということになる。なぜなら客観、科学、中央、進歩、普遍、正常、西洋、ヨーロッパ、先進というものに優越的な価値が置かれていて、それが近代の秩序を作りだすものとなっているからである。

この問題を取り上げ、批判したのが『ポスト・モダンの条件』を著したフランスの哲学者であるリオタールである。リオタールが問題としたことは、二元論的思考にもとづき、理性と自由、マルクス主義、科学、さらにはキリスト教などの西洋的なものに一方的な(そして抑圧的な)価値が与えられてきた「近代」そのものであった。彼は一般的な読者に向けられた『こどもたちに語るポストモダン』で、

「理性と自由の漸進的な解放、労働の漸進的なあるいは破局的な解放、資本主義的テクノサイエンスの進歩により人類全体がゆたかになること、(そして)『キリスト教』そのものも近代性の中に数えるなら・・・わが身を犠牲にする愛というキリスト教の物語への魂の回心による、人間の救済」(三八頁)といった近代をしるし続けてきた思想的枠組み、別の言い方をすれば進歩をとおして普遍的な未来が実

現していくと考える思想的枠組みは、結論が前もって措定された二元論的思考にもとづく根拠のない断定にすぎないと断じ、進歩を普遍化しようとした近代のあり方を厳しく批判した。

リオタールは普遍的な進歩を措定するそうした大きな枠組みを、批判的な意味で「メタナラティヴ」(metanarrative)と呼んだ。ここでもちいられたメタナラティヴという言葉は、メタ(meta)とナラティヴ(narrative)の合成語である。メタという言葉は、一般的には「通有」するものを意味するものとしてもちいられる。たとえばフランス語と日本語では語彙はもちろんのこと、発音の種類、文法は大きく異なっている。しかし、同時に言語である以上、言語として共通する規則もある。そうしたものがしばしばメタ言語的なものと呼ばれる。こうしたメタという言葉の用い方は、歴史記述には共通した構造や規則があることを指摘した後述するヘイドン・ホワイトによる『メタヒストリー』という使用法にも共通している。

ほかにもメタは、場所や状態の変化、転換を示す言葉としてもちいられる。あるいは「~を超えて」というビヨンド(beyond)の意味でもちいられている。メタナラティヴという言葉でメタという言葉が意味していることは、通常は「超越的な」「大きな」ということであるとされている。

一方ナラティヴという言葉はこの本のテーマにとって、きわめて重大な役割を果たしている言葉である。しかし、その問題には後に触れていくので、ここではこの言葉は最近ではある意味をもって物語と訳されている、ということを指摘するのにとどめておこう。

いずれにせよ、リオタールの主張に関して大事なことは、私たちが日常的にもちいている二分法的な言葉が、たとえば西洋と東洋、ヨーロッパとアジア・アフリカという言葉が、さらにはそれに価値を含みこんだ先進と後進、進歩と反動、科学と迷信、文明と野蛮、さらには合理と非合理、中央と地方、客観と主観、普遍と特殊、正常と狂気というような言葉と結び合わされることをとおして、一方的に前者を擁護する大きな物語として語られがちであることを指摘したことである。

そのことが後者的なものを抑圧する役割を果たしてきたこと、具体的に言えば植民地支配や近代国民国家による統合を支える言説として機能してきたことを指摘したことである。この本のテーマに即して言えば、私たちが現在抱いている歴史認識の中心的な枠組みが、こういった二分法に支えられていることは否定できない事実だろう。

第9節　エピステーメー

バルト、デリダ、リオタールと同じように近代に対する批判的な、懐疑的な議論を提示した人物としてよく知られているのが、フランスの思想家であるフーコーである。フーコーは思想的にはデリダ、リオタールより早くから活躍し、リオタールの『ポスト・モダンの条件』が出版された五年後の一九八四年に死亡しており、またデリダにとっては論敵でもあった。その意味ではフーコーを「ポストモダニスト」という枠組みに入れるかには議論がある。しかし、近代社会、とりわけ近代社会を支えている「知」の枠組みを鋭く批判したという点で、フーコーはモダニズム批判という視点からのポストモダニズムの問題を議論するにあたっては欠かせない人物である。

フーコーの主張として最もよく知られていることの一つは、彼が初期の著作である『言葉と物』で、ボルヘスが指摘した辞典に書かれている単語の意味の多様性ということを指摘しながら、その例にみられるように、「言葉」が内包する意味は多様であって、「物」との間には厳密な対応関係のないという立場を明らかにしたことである。

こうした問題の立て方にもみられるように、フーコーの基本的な視点は物事の相対性ということである。社会的な決まり、善悪の価値判断を、フーコーは絶対的なものとみなさなかった。権力の形態、政治制度、統治システム、支配的イデオロギーはもちろんのこと、日常生活の習慣や、常識的なものとされている（されていた）善悪の判断ですら、フーコーは文化や時代によって異なる相対的なものであるとみなした。とりわけ彼が問題としたのは、近代社会の、あるいは近代社会を作り上げている権力、そうした権力と深く関連している近代社会の中で、常識的に受け入れられてきた知であった。彼は近代社会を支えてきた普遍的、合理的とされてきたものに、深い懐疑を示したのである。

ここから彼は精神病、犯罪者、同性愛という、近代社会の常識からは異端的なものとして差別され、排除されている問題を、多くの著作をとおして取り上げた。彼はそうしたものが差別され、排除されているのは、特殊な、別の言葉を借りれば、個性的なものの側に問題があるからではなく、普遍的なものを求める近代に、普遍とは合致しないものを差別し、排除しようとする抑圧的な性格があるためである、と主張したのである。そのために「病」や「犯罪」や「異常な性」が作り出され、そうした人々を特殊なものとして排除し、管理していくために「病院」や「監獄」が作り出された、と彼は主張した。近代というものは、そうしたものが「歴史的」に作り出されてきた過程であったというのが、フーコーの主張なのである。

「病気」や「犯罪」さえも相対的なものでしかないとみなしたフーコーは、当然のことながら、外見的には合理性をもつ近代とその価値を、普遍的なもの、さらには非近代に対して相対的に見れば優位性を持つものとはみなさなかった。むしろそうした「近代」に固有な見方こそ、彼が批判しようとしたものであった。

その彼の立場を端的に示しているのが「エピステーメー」(épistémè)という言葉である。同じ語源をもつ言葉に「エピステモロジー」(epistemology)という言葉があり、「認識論」と訳されているように、エピステーメーという言葉は、本来は「認識」というような意味である。しかし、フーコーはこの言葉を「認識の枠組み」「認識の土台」というような意味でもちいている。

フーコーによれば、「知」は時代によって変化していく相対的なものでしかない。その理由は、「知」を作り出す枠組み・土台が、時代によって異なるからである。つまり時代によってエピステーメーが異なるからである。時代の変化によってある時代には常識的とされたものが、非常識なものとなり、その逆に非常識なものとされたことが常識的なものになるのは、そのためである。したがって異なるエピステーメーをもつそれぞれの時代は、歴史的な連続の中で見るよりも、それぞれが独自性をもつ相対的な、多層的なものとして見るべきなのである。

逆に言えば、近代は自らを普遍的なものとするために、歴史を発展・進歩してきたものとしてみなしてきた。そこでは近代の基準にしたがえば「異常な」、「遅れた」過去は、「他者」として排除の対象となり、同じように近代ヨーロッパに対して「遅れた」「異常な」その他の社会は、同じく後進的な「他者」として排除の対象となっている。

このようなかたちで近代が自らを普遍的なものとして、固有な抑圧的なシステムを作り出しえていることの理由は、自らを普遍化することのできる言葉を持っているからである。本来は物自体ではなく、それを部分的に代行するものでしかなかったもの、つまり表象でしかない言語がいつのまにか社会の中で無意識な構造として普遍的な意味を持ち、私たちを抑圧するものになっている、そうした時代の中に私たちは生きているのではないだろうかということ、私たちもそうしたなかで無意識のうちに抑圧する側に身を置いているのではないかということが、フーコーが投げかけた問題なのである。

「彼が提出するのは、われわれが作りあげてきた自分自身にかんする多様な形式の知と言説についての懐疑的な分析であり、超越論的主体性や構成的人間学の用いる独断的な諸命題を宙づりにしておく分析である。・・・

フーコーを読むことは、誰かが精神病をわずらっているとか犯罪者的人格や同性愛的人格の持ち主だとか、それが自明のことのように言われうる事態に懐疑的になることである。・・・

われわれの文明についての壮大で統一的な物語にかんして、解釈や社会変化のための統一的もしくは体系的な図式にかんして、われわれの知や制度を基礎づけるとされる人間性にたいする仮説にかんして、彼は判断を保留する。普遍主義的な物語のかわりに、彼はわれわれの起源の多様性と特異性を探求する。統一的な学問や合理性のかわりに、知のさまざまに変化する多くの実践を探求する。人間性や言語にもとづく単一の人間経験のかわりに、とりあげられ何度も変えられていく、特定領域専門の経験形式の創出を探求する。

われわれの多種多様な学問、言語、論証形式、経験類型、権力と圧制の構造は、統一された超時代的なものではないのである。それらがそういうものでなければならないと主張したり仮定したりするのは、一種の独断論である。まるでわれわれの知のすべては、単一の統一的世界に関連するか単一の論証法を用いるかしなければならないかのように、まるでわれわれの言説のすべては、一枚岩の論理や単一の機能をそなえた言語体系に属さなければならないかのように。こうした因習的な全体性にフーコーは懐疑的なのであって、どのようにしてわれわれが、それら全体性を使用しないで事をはこんでいいかを示唆するのである。」(ライクマン『ミシェル・フーコー――権力と自由』四〜五頁)

少し長い引用だが、このライクマンのフーコー論はここで私が紹介してきたフーコーの議論のあらましを適切に説明している。ここからもわかるように、フーコーが問題としたことは、近代の中で権力化しているものであった。彼は人間の本性や、科学の普遍性といった主張を批判した。というより、人間の本性とか、普遍的な科学であるとして立ち現れ、人間を抑圧しているものを批判した。彼はそうしたもののもつ権力性を暴き、権力をかたち作っているものの系譜、かたち作ってきたものの系譜を明らかにしたのである。そのことをとおしてフーコーは近代が普遍的なものとした様々の言説の解体を求めたのである。

しばしば指摘されているように、こうしたフーコーの考え方は、ニーチェの影響を受けたものであると言われる。「神々は死んだ」と述べたニーチェと同じように、フーコーは神意が作り出す絶対に相応するものを認めなかった。その意味ではしばしば指摘されるように、彼は徹底的な相対主義者であった。しかし、彼はすべてのことを否定したわけではない。その意味では彼はニヒリストではなかった(もちろんニーチェがいわゆるニヒリズムという言葉で説明されるような人物であったかは、議論があるところだろう。ニーチェがポジティヴなものを志向していたと議論することも十分可能だからである）。フーコーが否定しようとしたのは、普遍的なかたちで立ち現れた近代であった。それが自らの価値と対立するものを抑圧し、遺棄していることであった。

と同時に、フーコーの相対的な視点というのは、抑圧され、遺棄されているもののもつ固有の意味を復権するものであった。犯罪者、精神病者、同性愛者が取り上げられたのはそのためである。同じように近代のエピステーメーが生み出した言説が抑圧し、遺棄してきた、歴史の中で生きた人々の復権に、フーコーは目を向けたのである。そのことは過去に存在したすべてのものを、どんなに些細なものでも、意味をもつものとして掘り出すべきだという彼の思想的な立場に由来するものであった。フーコーの思考は、過去に実在した様々な事柄を抑圧し、遺棄してきた近代が作り出してきた思考と大きく背離するものだった。

第10節　再記述

上述のようなモダニズムへの思想的懐疑を別のかたちで論じている人物が、アメリカの哲学者であるリチャード・ローティである。これまで取り上げてきた人物とは異なり、ローティはデューイ、ジェイムズの流れをひくプラグマティズムの立場に立っている。つまり実用性とか、実際性ということがその主張の基礎である。その意味ではローティの主張は、これまで取り上げてきた論者とはだいぶ趣きが異なる。しかし、伝統的な哲学や言語への懐疑という点から近代社会とそこにあった思想を批判する立場に立つという点では、ローティと彼らの主張には共通する点も多い。ローティの主張の核は、皮肉なことにある意味ではきわめて近代的な思考である。ダーウィンの進化論はもちろん近代とそれ以前の社会を大きく隔てる人間観を作り出したものだが、ローティの考えの一つの根拠となっているのは、そのダーウィン主義的な考えなのである。

ダーウィンの考えにしたがって、ローティは人間を相対的なものとして捉える。ダーウィンの考えを私たちが受け入れた時に気づくのは、人間が地上界における絶対者として存在しているわけではない、ということである。人間は、人間としての固有の認識方法を有するが、それによって認識されるものは、進化の過程にある他の動物の認識と比較すれば、相対的なものでしかない。人間が見ている猫の姿は猫同士が見ている猫の姿ではない。視覚も、聴覚も、臭覚も、人間と猫では異なるからである。もちろん草や木の姿も、空の色や、水の色も、自然界のありとあらゆるものは、動物（さらには植物によって）によって認識のされ方は異なる。

人間がこれからも進歩を続け、今とは違う五感を持つ生物へと進歩を遂げれば、そこで認識される対象のあり方は現在のものとは異なるはずである。であるならば、人間だけが対象、つまり実在を正確に認識しているという議論は、論理的には成り立ちえない。「人間であれ、人間以外のであれ、どの有機体をとっても、実在との接触という点では他の有機体以上でも以下でもない」（『リベラル・ユートピアという希望』二三頁）からである。

もちろん人間は言語を使用する（むしろこれは「高等な」言語のシステム、というべきだろう。他の動物たちもまた音声や身振りの識別などによる体系的なコミュニケーションを保持しているだろうからである）という点で、他の動物とは区別される。しかし、言語もまた進化をしてきた相対的なものでしかない。

「言語の歴史とは、複雑性が徐々に増大していく継ぎ目のない物語である。ネアンデルタール人の叫び声や合図からどのようにしてドイツ人の哲学論文にまで至ったのかの物語は、アメーバからどのようにして類人猿にまで至ったのかの物語とおなじく、何ら非連続的なものではない。その二つの物語は、一つのより大きな物語の一部分である。文化的進化は生物的進化を断層なしに引き継いでいる。進化論的観点からするなら、いま述べたような音声と論文のあいだに、複雑性以外の差異はない」（同、一五八頁）

からである。

この議論は当然のように、言語が実在に対応しているという考えの否定に行き着く。「言葉は表象の媒体ではない」からである。「言葉が正確な表象に失敗するということはありえない。というのも、言葉はおよそ表象するということがないからである。」したがって、言語の意味とは、それが実在に対応しているかどうかにあるわけではない。また言語の意味は、対象世界にある真理を発見することにあるわけでもない。仮に私たちが言語をとおして作り上げる真理があるとすれば、その意義はそれが実在なるものに正確に対応しているかどうかにあるわけではなく、それが私たちに役立つかどうか、ということである。再びローティを引用すれば、

「『われわれはそれを実際そうあるとおりに記述しているのか』という問いは、けっして問う必要のない問い（であって）・・・われわれにとって知る必要があるのは、ある競合する別の記述があって、そ

のほうがわれわれの目的のうちのあるものにとってより有効であるのかどうか、ということだけである」(同、一二九頁)

ということなのである。

こうした考えに立つローティの前では、真理はもはや絶対的なものとはなりえない。それどころか確実な真理を求めること自体が（それが有用でないのなら）意味を持たないとされる。真なる文というのは、それが実在に対応しているから真なわけではなく、それが役に立つから真とされるにすぎない。科学的な真理とされているものは、近代科学の多くがそうであるように、それらを真理として受け入れることが、私たちに役に立っているがゆえに真理として受け入れられているのであり、私たちがその基準を変えれば、それにおうじて変化していくものでしかない。

このように、ローティにとっては真理というものは常に必要におうじて「書き直されていく」(redescribe) ものでしかない。無益な記述は遺棄されて、それに代わって有益な記述として「再記述」(redescription) される。しかし、その過程は、記述されることをとおして確実な、絶対的な真理へ向かっていくというものではない。クーンが『科学革命の構造』で指摘したように、必要に応じたパラダイムの転換が行なわれるのにすぎないのである。これがローティの唱えた再記述論と言われる考え方である。

ローティの考えは文字通りプラグマティックなものである。その意味では最初にも述べたように、この章で中心的に紹介してきた一連の思想家とは肌合いを異にする。しかし、ローティがこの本との関わりで重要なことは、彼が実際的な有用性という立場から、超越的な真理に対する疑問を投げかけ、人々の営みにおける偶然性の役割を重視したことである。その根拠となったのが、ここで紹介したような彼の言語への理解であった。

言語が実在に対応するかという問題は、既に紹介したように思想的にはソシュールに起源をもつとされるが、「言語論的転回」(linguistic turn) という言葉で呼ばれるようになるそうした考えを広めたのはローティであるとされることが多い。ローティ以降この言葉は、人間の認識の基礎にあった言語の不確かさへの自覚にもとづいた、従来の固定的概念に支えられた学問的な認識の見直しを示す言葉として、幅広くもちいられるようになった。

その最も大きな対象の一つとなったのが歴史である。なぜなら多くの歴史は歴史記述として、言語的なものをその大きな要素としていたからである。それではこの章で紹介してきたようなポストモダニズム的な思考や言語論的転回と言われる流れは、歴史に対する考え方にどのような影響を与えたのだろうか。

第4章　歴史のかたち

第1節　学問としての歴史

前章でこの本で議論していくことの前提として、ポストモダニズム、とくにその思想的な側面について紹介した。私は専門的な哲学者ではないので、その説明に瑕疵があるかもしれない。しかし、上述のような議論を紹介したのは、やはり近代以降の歴史の意味を考えていくためには、近代社会が確立してきたものに疑義を呈し、それらを批判的に再検討しようとする問題意識が重要だからである。それでは歴史に関して議論はどのようなかたちで行われているのだろうか。近代以降の学問的な流れを中心に、その議論のあり方をこの章では紹介・検討していこう。

そのためにまずここで紹介するのは、イギリスの歴史家であるマンズロウが『歴史を脱構築する』(*Deconstructing History*, 1997) というタイトルを付した著作で行った歴史学の三つの区分である。

その三つとは、「再構築論」(reconstructionist)、「構築論」(constructionist)、そして「脱構築論」(deconstructionist)、である。

そのそれぞれの内容は、この章で紹介していくように、それほど難しくはない。結論的に言えば、再構築論、構築論という立場は、歴史学において一般的にもちいられてきたものであり、対して懐疑的、批判的立場に立つのがこれまでの議論からもわかるように、脱構築論的な立場に立つ歴史（学）となる。したがって脱構築論の意味を考えるには、まずそれが批判の対象としている構築論的、再構築論的な歴史、別の言葉で言えば、歴史学、とりわけ近代歴史学によって支えられてきた歴史がどのようなものであったかを最初に整理しておくのがよい。

歴史学が確立されて以来、最も重視されてきたのは、過去の事実を認識し、叙述していくために必要な情報――学問的には史料と呼ばれるもの――を発見・選択し、その信頼性・信憑性を判断することであった。それがいかなるものであるにせよ、間接的な事実を認識するためには、媒体となる情報の信頼性・信憑性が最も重要だからである。

近代的な歴史学においては、こうした作業は史料区分、史料批判などと呼ばれてきた。セニョボス、ラングロア（『歴史学研究入門』）やベルンハイム（『歴史とは何ぞや』）などの歴史学者が整理したように、史料区分というのは、史料を遺跡、発掘物、宗教的儀式、法律制度などの物的史料（あるいは沈黙史料）と伝説、物語、伝記、回想、日記などの伝承、陳述、記述史料（口伝史料と文献資料）に分類したり、同時代的なもの、あるいは直接的に関与したものが残した記録を第一次史料とし、それらをもとに間接的に記されたものを第二次史料というように分類し区分したり、さらには自伝のような史料の残し手の意思が含まれるものを意図的（インテンディッド）史料と呼び、ポンペイの遺跡のように偶然残された史料と区別したりしていくことである。

史料批判というのは、史料が実際に歴史を認識するにあたってどの程度の信頼性があるのかを確定していく作業である。史料そのものの真偽、信頼度を判断するのが外的批判であり、史料として認定されたものの内容についての可信性・信憑性を判断するのが内的批判である。

このようなかたちでその信頼性・信憑性が確認された史料を媒体とすれば、過去の事実の認識は論理的には可能であると言うこともできる。基本的には近代以降の歴史学はこうした立場に立ってきた。信頼性のある史料にもとづいて、過去にあった事実をできるだけ忠実に記す、という考えである。現在でも学問的世界において根強い影響力をもついわゆる実証主義的な歴史学である。

実証主義的な歴史学を確立した人物としてしばしば引き合いに出されるのは、ドイツの歴史家であるランケである。彼の歴史に対する基本的立場は、「過去をそのものとして記す」というものだった。歴史家の主観を排して、史料を厳密にたどり、過去をありのままに再現することが歴史である、とする主張である。

ランケのこの主張は、いわゆる「実際的な歴史研究者」（practicing historians）によって支持されていくことになる。後述するように、E・H・カーによって批判的に取り上げられたアクトン、カーに反論を加えたエルトンなどが、その代表的な例である。さらには歴史がしばしば、教訓的なイデオロギー的な立場から論じられていることを「実用的な過去」（practical past）と呼んで批判し、「歴史学的過去」（historical past）を記すことを主張した歴史理論家であるオークショットもまた歴史の再構築論者に含むことができるだろう。

このように、史料を忠実にたどれば過去の事実をありのままのかたちで再構成できる、と考える立場が再構築論と呼ばれるものである。「過去についての真実」(the truth about the past) は、それがたった一つのものとしてしか起きなかったという意味で唯一のものであり、その唯一のもの、「実在した事実」を忠実に再現することが歴史学の目標である、というのがその基本的な主張である。

第２節　歴史の構築論

こうした考え方は広く受け入れられている。たとえば私たちは通常は、同じ過去の出来事を扱ったものでも、いわゆる歴史小説と歴史を区別している。その理由は、一般には歴史小説は作者の空想をまじえたものであり、必ずしも事実に忠実である必要はなく、客観的な事実にもとづく歴史、とりわけ学問的な歴史とは区別されるものと考えられているからである。「史実」とは異なる事件や架空の登場人物が、歴史小説には登場するからである。

といっても、突きつめて考えると、いわゆる客観的な歴史とされる学問的な歴史もまた、過去の事実をありのままに記しているわけではない。たとえばしばしば過去を説明するために、「封建制」とか「絶対主義」という言葉がもちいられる。しかしこれらは、その時代の封建領主や絶対君主が自らの支配を正当化するためにもちいた言葉ではない。時代の特質を説明するために、後の時代の歴史家が作り出した概念である。

「産業革命」や「帝国主義」という言葉もまた同様である。「産業革命」という出来事は、かつては一八世紀半ばから一九世紀半ばまでの出来事であったと教科書などでは説明されていた。しかし、「産業革命」という言葉がその時代についての表現としてもちいられるようになったのは、実は一九世紀になってからである。学問的な用語として一般に定着するようになったのはイギリスの歴史家であるアーノルド・トインビーがそれをもちいた一九世紀後半以降のことである。同じように「帝国主義」という言葉は、一九〇二年に書かれたホブソンの『帝国主義論』によって、西欧列強による領土分割や植民地支配を示す言葉として広くもちいられるようになるが、もちろん現在の歴史学では、帝国主義的進出はそれよりはるかに以前に生じたとされている。

またここで留意すべきは、「産業革命」、「帝国主義」といった言葉は、アナロジーであることである。「革命」(英語では revolution) という言葉は、本来はイギリス革命、フランス革命というように急激な政治的な大変動を示すものとしてもちいられた。また「帝国」という言葉は、本来は「皇帝」(Emperor) が支配している領域、あるいは皇帝が支配している大国家、たとえばローマ帝国、西ローマ帝国、神聖ローマ帝国などを示すものとしてもちいられたものである。その意味では厳密に言えば、「産業革命」「帝国主義」という言葉は比喩的表現であって、正確な分析概念とは言いえない。

実は同じように、教科書などに一般的に記されている「ルネサンス」(Renaissance)、「啓蒙主義」(Enlightenment) という言葉も、「再生」「明化」ということを示す比喩的な表現である。歴史を記述する際には、学問的な世界においてもこのような比喩的な表現がもちいられる。そのなかには、過去には存在しなかった言葉や概念も少なくない。そのことは、私たちは過去をまったくありのままのものとして再現しているわけではないことを意味している。

くわえて私たちは別のかたちからも、過去をありのままには理解していない。その例として挙げてよいことは、最近よく議論されている「下からの歴史」「女性史」といった考え方である。というのは、もし歴史が過去の事実をありのままに記すものであるとしたなら、一般の民衆が政治的にも経済的にも隷属的な状況に置かれていた時代を対象に、民衆を中心とした歴史を記せるのだろうか。さらには女性が、とりわけ一般の女性が、ほとんど記録や記憶の対象となり得なかった時代を対象に、女性を中心とした歴史を書くことは、「過去の事実」と食い違ってしまうのではないだろうか。

私たちはガリレイの勇気を高く評価する。彼を裁いた聖職者たちは、当時の社会の基準からすれば最高の知的エリートであったとしても、現在の私たちからは無知蒙昧の輩でしかない。ガンディーは私たちの高く評価するところだが、彼を抑圧したイギリスの植民地支配者たちは、たとえ当時イギリス人としては多数派に属した愛国者であっても、私たちの評価するところではない。女性の生理的、社会的機能を論じ、その政治的・社会的進出に反対したその当時の政治家、知的エリート、あるいは一般の男性は、当時の多数ではあっても、私たちは彼らの見解をそのまま受け入れるかたちで歴史を理解しているわけではない。

このように私たちは、過去そのものをそのままのものとして認識しているわけではない。それどころか私たちの認識は、過去に一般的に存在していたその時代に対する理解とは大きく異なっている場合も少なくはない。ふだん過去の事実をそのまま再現したものと考えられがちな歴史は、過去の事実そのものをそのまま再現してはいない。過去には存在していなかった新しい要素、さらに具体的に言えば歴史を認識する側の視点、つまり現在の視点にもとづいて再構成されているからである。

その点をきわめて明快に整理した人物として知られるのが、先にも言及したE・H・カーである。カーは、現在的視点が歴史には避けがたく含まれていることを、『歴史とは何か』で、事実の選択、解釈もしくは説明の選択、という二点から明解に論じている。カーがこの書物で批判の対象として取り上げているのは、既に紹介したランケや、ランケの考えを継承したイギリスの歴史家アクトンの「事実をありのままに描く」、「事実をして自ら語らしめる」、という考え方である。カーはこれに対して以下のような反論を行なっている。

「事実はみずから語る、という言い慣わしがあります。もちろん、それは嘘です。事実というのは、歴史家が事実に呼びかけた時にだけ語るものなのです。いかなる事実に、また、いかなる順序、いかなる文脈で発言を許すかを決めるのは歴史家なのです。」（同書、八頁）

カーの主張によれば、歴史として書かれているものは、無数に存在した過去の事実から現在の歴史家がある意図をもって選択した事実（カーはこれを他の事実とは区別するために「歴史的事実」と呼んだ）にすぎない。さらにカーは、過去の事実がなぜ起きたのかという説明もまた、考えられうる様々な理由の中から現代の歴史家がある目的、価値判断にもとづいて選択していくものである、と主張する。

「人間はある目的のために理性を用いるものです。私たちがある説明を合理的と認め、他の説明を合理的でないと認めました時、私たちはある目的に役立つ説明と、そうでない説明とを区別していたのだと思います。・・・歴史における因果関係に関する議論の鍵になるものは、右に見た目的の観念にほかなりません。そして、目的の観念は必然的に価値判断を含みます。・・・歴史における解釈はいつで

も価値判断と結びついているものであり、因果関係は解釈と結びついているものであります。」（同、一五七〜八頁）

このように歴史は、事実の選択、解釈・説明の選択と解き難く結びついているというのがカーの基本的主張である。

「現在の眼を通してでなければ、私たちは過去を眺めることも出来ず、過去の理解に成功することも出来ない」「歴史家の解釈から独立に客観的に存在する歴史的事実という堅い芯を信じるのは、前後顛倒の誤謬であります」（同、三一頁、九頁）

という主張からも、そうしたカーの基本的立場を読み取ることができる。

「歴史家の解釈から独立した客観的事実ではなく」「現在の眼を通して過去を眺める」というカーの主張は、『歴史とは何か』でも紹介されているように、歴史における現在的な視点を重視したアメリカの歴史家ベッカーやイタリアの歴史家クローチェらの主張、さらには『歴史の観念』を書いたイギリスの歴史家コリングウッドの主張を継承したものであった。というより近代的な歴史学が形成されて以来の、とりわけ二〇世紀以降の歴史学の最も有力な考え方を代表するものであった。方法論の専門家というよりもむしろ実務的な歴史家であったカーの（その意味では方法論としては厳密な著作とは言いえない）著作が、今日もなお歴史研究者に広く利用されているのはそのためである。

現在の歴史学の特徴を一言で言えば、まさに学問的な形態をとっていることである。別の言葉で言うと、近代科学でもちいられている方法と共通した方法をもちいている。たとえば既にふれたような様々の説明概念を歴史学はもちいる。歴史上の事実は、相互に脈絡のない個別的事実として提示されているわけではなく、相互的な関連の中で、たとえば原因と結果という因果関係の中で、あるいは全体的法則や構造の中の個別的な事実として、あるいは類型的なモデルを代表する典型的な事実として、説明されている。

厳密に考えれば、このことには疑問も生じる。自然科学と歴史学との間に厳密な共通性が成り立ちうるかについて、ヴィンデルバントやリッケルトの立論によって知られる全体的法則性と個別性・一回性をめぐる論争や、ヘンペルの立論によって知られる包括的法則をめぐる論争が行なわれてきたのはこのためである。

しかし、自然科学との共通性はともかくとして歴史学は（これもまた自然科学の影響をいくぶんかは受けた）社会学、経済学、政治学、心理学、人類学、地理学（通常歴史とは区別されるかたちでこれらは「社会諸科学」（social sciences）と呼ばれることがある）と様々な点で共通した方法をもちいる。説明概念、法則、構造・類型のモデルなどをもちいて、過去の事実を連関させ説明するのが歴史研究の基本的手法である。過去そのものには存在しなかったそうした道具をもちい、歴史家は過去を歴史として「構築」（construct）している。「構築論的な歴史」（constructionist history）というのはそうした歴史のことである。

第3節　マルクス主義とアナール派

構築論的な立場の歴史の最も代表的なものは、世界的にも戦後の日本の歴史学界においても、強い影響力を与えてきたマルクス主義的な歴史学である。歴史の発展の基礎として階級関係を設定し、その階級関係の変化に対応して世界史が奴隷制の段階から封建制・絶対主義を経て資本主義段階へと到達し、やがては共産主義社会へと向かうとしたマルクス主義の歴史理論は、千年王国論的なキリスト教的世界観をもとにしたものでもあったが、基本的には自然科学の発展や生産力の増大によって引き起こされた近代社会の発展を背景として生み出されたものであった。人類の歴史は科学的な探究にもとづいて説明されうること、歴史は不可避的な進歩の過程として説明できるということ、そしてその進歩の過程は、理論的にまとめることのできる特定の段階から、特定の段階への発展として、因果的に説明されうるものである、ということが、マルクス主義の歴史理論の基本的骨格であった。いわゆる発展段階論的な歴史理論である。くわえてそうした（科学的）法則を認識することによって、人間は歴史に主体的に働きかけることができる、ともされた。

マルクス主義の影響が冷戦構造の崩壊によって、実際的にも思想的にも後退しているのは事実である。しかし、歴史をそれまで存在していたエピソード的な物語としてではなく、あるいは教訓的な逸話としてではなく、それ自体としての法則をもち、それゆえ科学的な説明の対象となりうるものとして説明しようとし、さらにそれまでの歴史が神話的な要素を含んだ、あるいは有力な政治的指導者を中心とした限定的なものであったことに対して、歴史の起動力の要因として経済的活動や広く民衆の行動に視点を向け、歴史と歴史研究の対象を大きく拡大したという点で、マルクス主義的な歴史学の果たした役割はけっして否定することのできないものであった。またそうしたマルクス主義的な歴史の基本的枠組みが、現在でもなお様々にかたちを変えて歴史研究に影響を与え続けているということも、否定できない事実である。

しかし、今日マルクス主義的な歴史学の問題点を振り返るなら、最も大きな問題点は、その構築論的な性格にあったといってよい。たとえば階級という近代的概念を過去へと遡行させ、市民革命や宗教戦争ばかりでなく、古代社会にまで適応し、あるいは欧米社会をモデルに立てられた仮説でしかない発展段階論を、アジア社会にまで適応したことなどである。それは、マルクス主義的な歴史が、既に述べたようなな進歩という大きな物語、メタナラティヴによって構成されていたためであった。そうしたメタナラティヴが、思想的にも、実際的にも、人々を抑圧するという性格を内在させていたことは、今日では多くの人々が確認するところである。

マルクス主義的な歴史に対する有効な反論として一時期さかんに議論された近代化論（その代表的な例の一つが、工業化への経済成長を五段階に分けて説明したロストウの経済成長の段階論であったが）もまた、構築論的な歴史の一つとして考えてよいだろう。あるいは、多くの地域でなおみられる、国家的枠組みを強調するナショナリスティックな歴史もまた、たとえば神話的要素の組み込み、自国中心的な歴史という意味で、構築論的な歴史の一つである。というより、歴史を説明するにあたって何らかの説明のための仮説的な枠組みをもちいる歴史は、したがって私たちが眼にする多くの歴史は、そのほとんどが構築された歴史にあたる。

その意味では、一九七〇年代以降西洋史研究者を中心にマルクス主義的な歴史学に代わって大きい影響を与えたアナール派の歴史学―歴史の時間について新しい感覚を作り出し、さらには経済学や政治学のみならず、地理学・人類学・社会学・人口動態学・民俗学といった諸学問の理論的成果を歴史に応用し、全体史と総合的な歴史学をめざしたアナール派の歴史学―もまた、この点については当然議論があるだろうが、構築論的な歴史と考えることができる。

アナール派の歴史学については、既に多くの優れた紹介、そして批判が欧米でも日本でも行なわれているが、その内容を簡単に要約すると、上述のことの他に、

（一）、問題史という視点を導入したこと

（二）、数量的分析を厳密化しようとしたこと

（三）、民衆の日常的世界への研究視角を拡大したこと

（四）、（三）と重なる部分もあるが、心性史という視野を取り入れたこと

などが挙げられる。

アナール派について、この本での議論との関わりで述べておくべきことの一つは、アナール派を代表する歴史家の一人であるブローデルが行なった歴史の時間区分である。代表的著作である『地中海』で行なった、「出来事」（événement）、「景況」（conjoncture）、「長期持続」（la long durée）と訳されている区分である。

しばしば指摘されるように、この区分はそれまでの歴史が基本的には「事件史」（l'histoire événementielle）であったことへの批判を意図したものであった。短期的な事件を歴史記述の中心とするのではなく、商業、物価、経済、あるいは人口や文化の中にある中期的な波動を人間の集団を枠づける変化として位置付け、くわえて長期にわたってほとんど変化しないかのように見えるもの、たとえば地理的環境を歴史記述に持ち込んだこのブローデルの試みは、既に紹介した言葉をもちいれば、共時的

な歴史の試みであった。別の言い方をすれば「構造」を重視する歴史の見方である。

またアナール派の歴史学についてもう一つここでふれておくべきことは、その創始者の一人であるリュシアン・フェーブルに既にみられた歴史内在的な議論である。それは、一六世紀の宗教的異端者であるラブレーを無神論者として評価できるか、というような問題である。現在的な視点からみれば、ラブレーは初期的な無神論者として評価できるかもしれない。しかし、そうした評価に対してフェーブルは批判的であった。一六世紀と現在では「知的道具立て」が異なるからである。そもそも一六世紀と現在では、「神」という言葉の意味が異なっているからである。現在のような科学的知識が存在しなかった時代に「神」という言葉が有していた意味と、二〇世紀に「神」という言葉が有している意味にはきわめて大きな隔たりがあるからである。

そもそも文化的な枠組みが異なる時代において人々が抱いていた価値観は、私たちのものとはまったく異質であったとすることのほうが、過去の正確な理解だろう。でなければ、私たちは戦場で敵将の首をとったという私たちの祖先の行動をまったく理解できない。というより、理解できると考えることのほうが錯覚であると考えるべきだろう。文化の規範、日常的な心性のあり方が異なる時代では、その価値観は私たちの時代のものとはまったく異なっていたからである。

このようなかたちで歴史分析を緻密化したアナール派の考え方は、歴史学の基本的な方法である実証主義と結びつき、マルクス主義と入れ替わるようにして、アカデミズムにおいて重要な役割を果たすようになった。アナール派を論じる際に重要なことは、自らの科学性を強く主張したマルクス主義と同様に、アナール派にもその科学性を強く思考する流れが存在していたということである。

たとえばアナール派に強い理論的影響を与えたル＝ロワ＝ラデュリが「数量化できない歴史は歴史ではない」と主張したように、数量的分析はアナール派の歴史研究の重要な一部を構成したし、全体史への志向はアナール派の一部の歴史家が強く目指したものでもあった。しかし、実際にはその多くはなお近代以降の歴史学の影響を受けた構築論的な要素を多く含むものであった。とりわけ後述するような脱構築論的な立場からみれば、そのようなものとして区別されるものであった。

第4節　歴史の物語論

それではなぜ、どのようなかたちで、歴史の脱構築論と呼ばれるものは、自らの実証性・科学性を主張した再構築論、構築論に立つ歴史を批判したのだろうか。この問題を説明するには、歴史の脱構築論が自らの立論の根拠としたいくつかの議論、歴史の物語論ならびに言語論的転回と歴史の関係を説明しておく必要がある。

歴史の物語論を論じた人物として最もよく知られている人物の一人は、日本でその著作が『物語としての歴史』というタイトルで訳出されているアーサー・ダントである。ダントがその議論の基礎としたのは、人間は現在のみを経験している、ということである。ここから彼は、過去を認識することは論理的にはきわめて困難である、と主張した。なぜなら現前として存在しない過去は、想起の中にしか存在せず、経験によって検証しえないものだからである。

ここからダントは、過去はあったとおりには描かれていない、という問題を提起した。その際に彼がもちいたのが「理想的な編年史」(ideal chronicle) という言葉である。この言葉をダントは、過去に起きたすべてのことを記したもの、という意味でもちいている。しばしば議論されるように、そして私たちが常識的に理解できるように、過去に起こったことをすべて再現する歴史というのはありえない。なぜならもし起きたことをすべて再現しようとしたら、その再現に起きたのと同じ時間がかかってしまう。それ以上に、これまで地球上に存在したすべての人が瞬間瞬間に考えていたこと、行なったことのすべてを再現するのは不可能であるからである。

また仮にそうしたものがありえても、それは混乱を引き起こすものでしかない。無数の事実が何の脈絡もなしに提示されても、意味をもち得ないからである。その例としてダントは「ナラムシンはシッパルに太陽の神殿を建てた。そしてフェリペ三世は、モリスコを追放した。そしてアーサー・ダントは、一九六一年十月二〇日、七時が鳴ると目を覚ました」といった文章を挙げる。もちろん私たちがふだん歴史を説明するのにもちいる文章はこうしたものではなく、「宗教改革によってプロテスタントが生まれたことは、彼らとカトリックの間に激しい対立を引き起こした。そうしたなかで一六一八年に三十年戦争が始まり、この戦争はドイツ全体に波及し、ウェストファリア講和条約が結ばれるまで続いた。戦争はフランス王権を強め、ハプスブルク家の力を弱体化させた。」というような文章である。

この文章に関して言えるのは、一六一八年に生きていた人々は、当時一六一八年に起きたことを三十年戦争の始まりとは認識しなかった、ということである。その当時に戦争が三十年続き、後の時代にそれが三十年戦争と呼ばれることは予測しえなかった。したがって当時彼らが語りえたのは、「戦争が始まった」ことだけだった。一六一八年に起きたことが三十年戦争の始まりであったという文章は、一六四八年に終結した戦争が後の時代になって三十年戦争と呼ばれるようになった時に、初めてもちいられるようになったものである。

このことから理解されるように、歴史としてふだん語られていることは、過去に起きた出来事、つまり過去形で表現される異なる複数の出来事を、時間的経過の中で説明するものである。そしてそれは、たんに時間的経過においてだけではなく、原因と結果として、つまり因果関係において説明されている。先行して発生した出来事Aの結果として、出来事Bがその後に発生した、という事実の経過、説明の枠組みが、私たちがふだん出会う歴史の基本的な形式を形成している。したがって私たちが認識している歴史は、過去そのものではない。一定のストーリーに過去をあてはめたものである、ということとなる。通常英語でいうナラティヴというかたちで、過去は記されている。ダントはここから歴史＝物語（ナラティヴ）論という議論を展開したのである。

ここで留意すべきは、過去実在そのものはけっして物語ではない、という議論が成り立つことである。よく考えてみればわかるように、私たちが経験し見聞した過去実在は、実は茫漠たるもののはずである。ましてや私たちが直接経験することのなかった過去実在は、本来は無限の混沌でしかない。それを歴史という枠組みの中で整序化する際に、特定のかたち、自己にとって理解可能な、そして他者との間のコミュニケーションが可能な物語というかたちを与える、ということなのである。

混沌とした事象に一定のかたちを与えるのは、歴史のみに固有のことではない。自然科学は混沌とした事象を説明するために、様々な（科学的）理論の枠組みをもちいているし、社会科学も同様である。事象が説明されるためには、あるいは私たちがそれを理解するためには、理論に負わざるをえない。同じように、人間界の出来事、とりわけ過去に存在したとされる出来事を説明するためには、物語に負わなければならないということを指摘したのが、ダントの物語論という議論の意味なのである。そのように歴史の説明や叙述は物語に負わざるをえないということを、『物語としての歴史』の訳者である河本英夫は、歴史の「物語負荷性」という言葉で呼んでいる。

しかし、歴史が過去実在をそのまま説明したものでないとすれば、当然のようにそこでは歴史の相対性という問題が登場することになる。

「物語の組織化の負荷は、抜き去り難い主観的要素が伴うということを、論理的には含意している。そこには完全な恣意性の要素があるのである。私たちは出来事を、ここではまだ触れていないような意味で有意味だと考えるある出来事と関連づけて組織化する。しかしながらそれはあらゆる物語に共通するような有意味性なのであり、個々の人間の主題的興味によって規定される。その意味では相対主義者は正しいのである」(前掲書、一七三頁)

とダントが指摘するような問題である。

第5節　形式分析

歴史がしばしば物語という構造をもち、それゆえに過去の事実を正確に表象したものではないとする議論を主張したのはダントだけではなかった。ルイス・ミンクもまた「ストーリーは生きられていない。語られている」として、実在(生きること)とストーリー(語ること)は基本的には異なるものであり、それゆえストーリーとして語られる歴史は、実在を正確に反映したものではないと主張した。

「実在した歴史にはそれ自体の複雑な構造がある〔あるいはそれを欠如させている〕、と仮定してもよいだろう。物語には別の構造がある。・・・物語という構造が、実在した歴史の構造を表象するということに成功するというようなことは、幸運な偶然でしかありえないだろう。しかし、さらに悪いことに、おそらくはそうしたことが行なわれるかどうかは誰にもわかりえない。というのは、そうしたことを知るためには、実在した歴史と物語とを比較することが要求されるし、それゆえ表象されたものとは一切関わりのない、歴史の現実それ自体の構造を知るということを要求されるからである。しかし、そうしたことは不可能なのである。」

実在した歴史（過去）と物語による表象は一致することはない、そもそも物語という表象化が実在を正確に反映しているかは、論証が不可能な問題であるというのがミンクの主張である。このミンクの議論にしたがえば、物語は「理解の様式」であるか、あるいは「認知の道具」であって、実在そのものではない。実在を正確に表象するものでもない。別の言い方を借りると、

「（物語は）想像によって構築された産物であり、したがって認められているそれが実在であるという主張を確認するような論証や証明の手順は、妥当なものとして認められているものの中には一切存在していない」

ということなのである。

こうした議論を前提とするならば、「物語」は実在の構造とは厳密には異なる構造をもつ「表象の形式」によって示されるものとなる。つまり物語には物語の構造があって、それが実在のもつ構造と一致して

いるかは論理的には証明しえない。したがって物語というかたちをとおして歴史として語られてきたものは、過去実在に厳密に対応・一致しているものではなく、物語がとる構造的特性、形式によってその内容を定められているという議論が成り立つ。こうした議論を展開して、歴史の脱構築論に影響を与え、歴史の事実性・相対性という問題をめぐって大きな議論を国際的に巻き起こしたのが、既に「表象の限界」をめぐる論争にふれた際にその主張の一部を紹介した、アメリカの歴史理論家であり、ウェイン州立大学でダントとともに学んだヘイドン・ホワイトである。

ヘイドン・ホワイトの主著は、刊行後四〇年以上を経て日本でもようやく翻訳出版された『メタヒストリー』(一九七三年)である。『メタヒストリー』の翻訳が遅れたのは、この著作が難解であったからとされる。

確かに『メタヒストリー』は量的な膨大さ(本文四三四頁―初版)ばかりでなく、その内容もまた多岐にわたる現代的な思想の流れだけでなく、古典にも及ぶ哲学的な議論、そして当時においては最新の文芸理論などを取り入れたものであって、一読して理解することは難しい。そもそもこの本が考察の対象としたヘーゲルに始まりミシュレ、ランケ、トクヴィル、ブルクハルト、マルクス、ニーチェ、クローチェといった一九世紀から二〇世紀初めにかけての歴史家、あるいは思想家たちは、それぞれ膨大な著作を残していて、その個々の議論との関連から『メタヒストリー』という著作を論じることはかなり難しい作業だろう。したがってここでは『メタヒストリー』やその後の一連の著作、折りにふれて行われたインタビューで示されたホワイトの議論をたどりながら、それが歴史に対してどのような問題を提示し、どのような可能性を開示するものであったのかということを論じていきたい。

ホワイトはしばしばダントと同様に、脱構築論的な立場から歴史の物語論を論じた人物として位置付けられている（言語論的転回の主唱者とする評価もあるが、ホワイト自身はそれを否定し、自らの立場はむしろフーコー的な言説論的転回と呼ばれるべきものだと語っている）。ホワイトが歴史叙述の物語性を論じ、歴史叙述が過去実在を忠実に表象するものではないと論じたことは確かである。そのことを説明するためにホワイトは文芸理論などで試みられていた作品分析の手法を取り入れた。それまでの歴史叙述を根拠づけてきた、史料をとおして過去が表象される、つまり再構築されうるという考えを批判し、現実に存在する歴史がどのような形式にもとづいて構成されているのかを、文芸理論の手法を参照枠として分析したのである。しばしばホワイトが歴史家ではなく、歴史の形式を問題としたフォーミストであると呼ばれ、ホワイト自身もそのことを認めているのはそのためである。

こうした視点からホワイトは、前述のような一九世紀から二〇世紀前半にかけての代表的な歴史家・思想家の歴史叙述を、「プロット（筋立て）化」（emplotment）の様式、「論証」（argument）の様式、「イデオロギー的な含意」（ideological implications）、といったいくつかの基本的枠組みをもちいて整理することを試みた。

プロット化の様式とは、歴史叙述が全体としてどのような形式で筋立てられているかということであり、ホワイトはこれをロマンス劇、喜劇、悲劇、風刺劇の四つに分類した。ロマンス劇とは英雄が経験世界を超越し、最終的にそれに打ち勝つような勝利のドラマである。喜劇と悲劇は、運命的な条件から人間が部分的に解放されるものだが、喜劇は好ましい和解を達成するものであるのに対して、悲劇は結局は人間が変更不可能な運命へと追いやられるものである。風刺劇はさらに人間を救い難いものとみなす、その意味ではロマンス劇の対称にあるものとされた。

またホワイトは論証の様式には、個性記述論的、有機体論的、機械論的、コンテクスト主義的説明（種々の訳語が可能かもしれないが、ここでは岩崎稔監訳の『メタヒストリー』の訳にしたがった）があり、イデオロギーの様式としては、アナーキズム・保守主義、ラディカリズム・自由主義があり、そのそれぞれが上述のような歴史家を特徴づけているとした。たとえばマルクスは、論証の様式としては因果関係を重視するという点で機械論的で、政治的にはラディカリストであり、そしてもちいられたプロットは善が悪に最終的には打ち勝つというロマンス劇の型をもっていた、というようにである。

第6節　比喩

以上にくわえてホワイトが歴史叙述において重要な役割を果たしているとしたのは、比喩という問題である。比喩は学問的な歴史叙述においては否定的に扱われることが多い。「雲霞のような大軍」ではなく、「史料A」によれば「約一万三千人ほどの軍勢」と記述するのが、学問的な歴史記述では望ましいとされる。「マリ・アントワネットは断頭台の露と消えた」ではなく、「マリ・アントワネットは断頭台で処刑された」と書くほうが事実の正確な記述である。

しかし、専門的な歴史研究者の記述を丁寧に読めば、実際にはそのことが厳密には守られてはいないことを、容易に読み取ることができる。とりわけ一般読者向けに書かれた著作では多くの文学的修辞が見いだされる。歴史研究者はけっして事実性のみを重視した厳格な文章表現を守っているわけではない。

とはいっても、彼らは彼らが書いている歴史は、文章表現についてはともかく、内容については厳密な事実性を墨守していると称している。はたしてそれは本当なのだろうか。ヘイドン・ホワイトが問題としたのはその問題である。

たとえば既に記したこととも重なるが、産業革命という言葉は、一八世紀後半から一九世紀前半にイギリスで起きた急速な社会的・経済的変化を示す言葉としてもちいられている。世界史の教科書でも一般的に使用されている。そればかりかこの言葉は、特定の時期のイギリスに対してだけでなく、その後ヨーロッパのみならず世界各地で起きた変化に対してももちいられることがある。

しかし、この言葉は急激な政治的変動を示す「革命」という言葉を、社会的・経済的現象に比喩的にもちいた言葉である。そのことが産業革命という言葉をもちいてこの時期の経済的変化を示すのは厳密ではないという批判を呼び、この言葉を使用し続ける歴史研究者と、それに代えて工業化とか経済成長という言葉をもちいるべきだとする歴史研究者との間に論争を引き起こした。論争に参加した歴史研究者は、自らの主張を実証的なものとして根拠づけた。しかし、ホワイトが指摘したような、イデオロギー、論証の様式、プロット化の様式の違いによってこの論争が生じていたとするのは、あながち誤った評価ではない。

たとえば工業化論を掲げた歴史家は、現実の社会体制を擁護するという点ではイデオロギー的には保守的であり、矛盾を含みながらも総合的な発展を見いだそうとしたという点では論証の様式としては有機体論的であり、望ましい結果が引き起こされるがそれが絶対的なものとはならないと主張した点ではその歴史記述は喜劇的なプロット構成にもとづいていた、というようにである。逆に産業革命という言葉をもちいた歴史研究者は、イデオロギー的にはラディカリズムの立場に立ち、論証の様式としては社会変化の法則的必然性を強調したという点で機械論的であり、プロットとしては悲劇的な様式をもちいたとすることができる。

この整理はホワイトのもちいた整理を借りればそうとも議論することができるというものであって、もちろん厳密なものではない。しかし、ここで重要なことは、過去の事実がではなく、歴史家が事実を歴史として叙述する際にもちいる形式が、叙述の内容を定めていることである。対象とされる事実は同じでも、実際にはその事実をめぐって異なる歴史叙述が作り出されている。

歴史叙述と比喩の問題に話を戻すと、ホワイトはこの問題を整理するにあたっては「トロウプ」(tropes) という言葉を、比喩一般を示すものとしてもちいた。ホワイト自身がこの言葉について編者が地理的な用語であるトロピカル (tropical ―熱帯) と取り違えたというエピソードを語っているように、日常語としてはあまり使用されない言葉である。後述するように、比喩一般を示すことが多いメタファーを限定的な意味で使用するために、代わってこの言葉がもちいられたのだろう。最近の定訳としては喩法という言葉が定着しているので、ここでもその訳語を採用して議論を進めたい。

ホワイトは喩法をこれまで紹介した分類同様に、四つに分けている。「彼はライオンのように戦う」というような「隠喩」(metaphor ―メタファー)、一部分が全体を表す、たとえば「手=労働をする人」のような隣接性を示す「換喩」(metonymy ―メトニミー)、大統領を意味するものとしてもちいられる「ホワイトハウス」というような類似性を示す「提喩」(synecdoche ―シネクドキ)、そして逆意を示す皮肉な喩えである「アイロニー」(irony) がそれにあたる。

この議論はわかりにくいが、言語を保持しない動物の認知システムのことを考えるとわかりやすいかもしれない。動物の認知システムは、自分が常食とする餌、自分を捕食する敵、自分を取り巻く自然界にあるものを、類似性、隣接性、全体と部分というかたちでなぞらえながら、経験的に、直感的に認知しているものであろうからである。ホワイトが主張したことは、そうした前認知的なシステムを人間が保持していて、それが認識される対象に対する認識の内容を定めているということである。そのことが認識されたものがどのようなかたちで言語的に表現されるかを定めている。したがって認識の対象が言語的に表現されるにあたっては、比喩的なものが重要な役割を果たすということなのである。

それ以上に重要なことは、歴史叙述における喩法の存在を、ホワイトが歴史の相対性の重要な根拠としたことである。その理由は、比喩が通常どのようなものとして使用されているのかを考えると理解できるかもしれない。私たちが比喩的な表現をもちいる際に、そこで想定していることは、読み手や聞き手にとって既知のことをもちいて、彼らにとって未知のものを理解可能とさせるということである。既知を媒体として、未知が了解可能なものとされる。このことを歴史に当てはめてみよう。歴史叙述の読み手は現代に生きる人々である。歴史叙述に比喩がもちいられるのは、そうした現代に生きる人々にとって了解可能なものを媒体として、過去の物事を了解可能なものとするためである。つまりそうしたものを媒体として表現される過去は、過去そのものではなくて、現在にとって理解が可能なように翻案された過去である。その点では歴史は過去実在とは異なる。

付け加えると、比喩はきわめて多義的なニュアンスを含みこむ。たとえば「お前はトム・クルーズのようにハンサムである」という表現である。この文章は事実であると理解してもいいし、逆意を示すアイロニーとしても理解してよい。その意味は、コンテクストにおうじて、あるいは受け手の理解次第で様々に変化する。厳密に言えば比喩に含まれるかは議論のあるところだが、ホワイトがあげた喩法の中でアイロニーがとくに重視されているのはそのためだろう。ホワイトはこうした立場に立って、歴史は必ずしも厳密なロジックによって構成されたものではなく、また過去の実在を忠実にそのままのものとして再現したものではないことを指摘したのである。

第7節　個々と全体

くわえてホワイトが指摘したことで重要なことは、個々が事実であるとしても、個別的な事実が全体的なものと、あるいは（時間的な経過を経た）個別的なものと個別的なものが、歴史においてどのようなかたちで結び合わされているのかという問題である。

歴史には個々の事実を探求していく側面と、個々の事実を繋ぎ合わせそれに意味を与えていく過程がある。たとえ仮に史料を証拠として過去の事実が確定されえたとしても、その史料が示しうるのは、史料に対応する断片的な事実でしかない。断片的な個々の事実を結び合わせ、意味をもつ物語という形式を付与するのは歴史家である。既にふれたプロット化という作業もその一つである。そうした意味や形式は、歴史の内部にもともと存在していたものではなく、個々の事実をまとまったストーリーの中に組み合わせていく歴史家によって外部から与えられたものである。

こうした議論は歴史哲学者であるウォルシュなどによっても論じられた問題である。ウォルシュは、歴史は事実を個々ばらばらに示すものではなく、個別的事実をまとめることによって（ウォルシュはそれを「合成」（colligation）と呼んだ）一つのまとまった叙述を作り出していると論じた。

ホワイトの考えをもとに、そうした議論を脱構築論的な立場から緻密なかたちで議論し、歴史の構築性を論じたのがオランダの歴史哲学者であるアンカースミットである。アンカースミットが過去の事実と歴史の叙述という問題について前提として論じたことは、「歴史研究」（historical research）と「歴史を書くこと」（historical writing）の間の違いという問題である。

すなわちアンカースミットは史料にもとづく実証主義的な研究によって過去の出来事が事実として認定される段階と、それにもとづいて歴史が叙述されていく段階、別の表現をすればテクストが構成されていく段階とを区別した。その両者を取り結ぶもの、つまり個別的な事柄についての記述を「ナラティヴ・サブスタンス」(narrative substance）と呼び、そうしたものは、ナラティヴの構成要素としての「実体」（サブスタンス）であっても、本来的な実体ではないと主張したのである。つまり個別的な事柄はあくまでも構築されたテクストにおいて意味をもつという主張である。

ここで重要なことは、ナラティヴ・サブスタンスとして歴史家がもちいるもの、たとえば「ルネサンス」とか、「産業革命」とか、「一九世紀の危機」「帝国主義」といったようなものは、歴史家が過去の「姿」（picture）を作り出すためにもちいているメタファーであって過去の事実と同一のものではなく、記述もまた事実に依拠していることを外皮としていても、言語によって構築されたものであるという指摘をアンカースミットが行なったことである。

この議論は、既に紹介したダントの、たとえば三十年戦争というような言葉は、物語文という歴史の記述においてもちいられる事後的な表現であり、過去の出来事と厳密な意味で対応しているものではない、という主張とも共通している。いずれにせよここで重要なことは、私たちの前に歴史としてあるものは、仮にそれが実証的研究を媒介としたものであっても、あくまでも歴史家によって構築されたものである、ということである。過去を「産業革命」「帝国主義」という概念をもちいて歴史として叙述するのは、過去自体ではなく歴史家であり、その際にどのような概念がもちいられ、その中にどのような事実が含まれるかを決めるのも歴史家なのである。歴史叙述にはこのように避けがたく歴史家の解釈が内在する以上、それらは過去そのものではない。歴史は、歴史家の主観、歴史家が過去を構築する際にもちいるスタイルに左右されている。

したがって歴史はそれぞれの歴史家の解釈に応じて多様なもの、相対的なものとならざるをえない。仮に「フランス革命」とか「帝国主義」という言葉の使用について複数の歴史家の間に合意が成立したとしても、その中にどのような事件が含まれるのか、あるいは事件を肯定的に評価するのか、否定的に評価するのかは、歴史家の解釈である。その意味では私たちの前にある歴史は、実際には「実体のごとく固定された様々の解釈」でしかない。歴史は、解釈の変化にしたがって、絶えず変動する。絶えず変動していくものとして私たちの前にあるのが歴史なのである。

アンカースミットは歴史を、そのように不安定な、相対的なものとして捉えた。また彼はホワイト同様に、過去は理解することが基本的には不可能な崇高なもの（彼はそのことをカントなどの主張を借りて「崇高」(sublime)という言葉で表現した）であるとして、歴史が過去を総体として捉えることはけっしてありえないとも論じた。「歴史はかつて起こったことの再構成ではなく、その記憶と止まることなく戯れつづけることなのだ」という言葉は、彼の考えを明瞭なかたちで示している。

アンカースミットの主張をとおして気づくのは、私たちが学校で習う歴史は、基本的にはこうした内容のものであるということである。たとえば「贖宥状」「ルター」「ドイツ農民戦争」「カルヴァン」などという事実や人名を結び合わせて「宗教改革」を説明しなさい、というような試験問題があるように、教科書の歴史叙述では、個々の事実は、全体的な脈絡に位置付けられている。あるいは、フランスの「大革命」と「二月革命」の連関を述べなさいという試験問題があるように、五〇年以上も時を隔てた事件が、前期的な「ブルジョワ革命」から社会主義的要素をもった「ブルジョワ革命」という流れを示すものとして結びつけられている。

ここで重要なことは、教科書の叙述は学問的な検証を経たものだということ、逆に言えば学問的な歴史とされるものは、ある包括的な脈絡に個別的なものを位置させ、包括的なものと包括的なものの関係を論じることをとおして個別的なものを意味づけるという構成をとっていることである。

問題は「宗教革命」とか「ブルジョワ革命」という包括性をもつものに個別的なものが位置付けられると、どのような包括的なものが前提とされるかによって、個別的なものが価値づけられ、歴史の事実として肯定的あるいは否定的に扱われたり、あるいは選択されたり、無視されたりすることである。

たとえば「宗教改革」に関して言えば、贖宥状を販売していた僧侶たちは腐敗した人々であり、これに対して教会の不正を攻撃したルターや、プロテスタントを支持して農民戦争に加わった農民たちや、彼らが起こした行動は、肯定的に取り上げられるというようにである。「ブルジョワ革命」に関しては、革命以前の体制は旧制度（アンシャンレジーム）であり、ルイ一六世は時代遅れの無能な君主であり、これに対してルソーやロベスピエールは近代的な政治思想を体現した人物となる。

議論を戻すと、このような全体と個別、個別と個別の結合は、そうした関連付けの際に、どのようなプロット、論証方法、イデオロギーがもちいられるかを前提とする。それゆえそれは学問という形式をふまえていても、科学的な絶対性をもつものではない。

第８節　遡及的な因果関係の説明

歴史叙述が科学的なものとなりえているのかという批判は、歴史の科学性の根拠とされる因果性の問題にも及んでいる。因果性、つまり原因と結果から過去の出来事を説明するのは、歴史叙述にとっては常識的なものとされる。たとえば前節で言及したように、フランス大革命と二月革命を、さらにはロシア革命を結びつけるという説明は、教科書などにも散見される。多くの世界史の教科書ではルネサンスはギリシア思想にもとづくものであるされ、ルネサンスが近代社会を生み出す契機になったとされている。こうした説明は厳密なものだろうか。はたして科学的と言えるものなのだろうか。

その問いとして、ホワイトがある時期から議論の中心に据えているのが、アウエルバッハの考えを取り入れたとされる「フィギュア」(figure)と「フルフィルメント」(fulfillment)の関係である。この二つは、これまで直訳的に「形象」、「成就」と訳されることが多かったが、最近では後述するような意味内容にしたがって、「フィギュア」は「予示的微標」とか「予型」と訳されるようになっている。ここでは上村忠男が『歴史の喩法』で取り入れた「予型」という訳語を使用し、議論を進めていく。

予型―成就という考えは、もともとは旧約聖書と新約聖書の関係を述べたもので、先行した出来事と後の出来事の関係性を論じるためにもちいられたものである。ホワイトはギリシア文化とルネサンスを例として、そうした説明の問題点を論じている。その根拠は、既に紹介した、「一六一八年に三十年戦争が始まった」というのは事後的、遡及的な説明であって、一六一八年当時にはそうした記述は成り立ちえなかったという点で歴史内在的な叙述ではない、とするダントの指摘である。

「ギリシア文化がルネサンスを引き起こすことになった」という歴史的な説明が成り立っているとしても、ギリシア時代の人々は自らの文化をルネサンスを引き起こすために形成したわけでもないし、ましてや自分たちの文化の影響を受けて、やがてはルネサンスが誕生することを予想することはありえなかった。その点でこの両者を原因―結果として関係づけるのはあくまでも遡及的な説明に過ぎない、というのがホワイトの主張である。

ホワイトのこの主張は、歴史叙述が「科学」であれば必要とされるはずの厳密な因果関係には拠ってはおらず、そこで示されている因果関係の説明は、現在が恣意的に選択したものでしかないことを批判するものである。そのことを根拠づけるために、ホワイトは歴史の系譜的説明には「ジェネティック」(genetic) なものと「ジェネアロジカル」(genealogical) なものがあるとしている。

ジェネティックというのは、多くの生物の運命がそうであるように、遺伝子に左右されるもの。つまり先行的なものが、事後的に生じるものを決定的に規定するものである。逆に言えば、現在は過去を決定しえない。ＤＮＡが私たちにとっては所与のものとして存在しているようにである。

これに対してジェネアロジカルなものは、事後的なかたちで先行的なものが選択される。実は多くの歴史叙述はこうしたジェネアロジカルなものとして成立している。皇統譜はその代表的なものである。どんなにその由緒正しい血統を誇ろうと、現在の王の三百年前の祖先は、つまり十世代ほど前の祖先はよほどの血族婚を繰り返したものでない限り数百人はいたはずである。王侯貴族が多かったかもしれないが、一介の庶民がそこに混じっていた可能性も高い。

民族もまたそのようなものである。いくら純潔を語ろうとも、自らの三百年前の祖先のすべてが、現在居住する地域に限定されていた可能性は、文化果つる孤絶した地域に住む人以外に現在ではあり得ない。純粋の血統とか、純粋の民族性というのは、過去の不都合な事実を捨象し、現在から遡及的に説明するものでしかない。

つまりホワイトがジェネティック、ジェネアロジカルという言葉をもちいて批判するのは、ジェネティックなものとして本来的には現在の因をなしたはずのもののほとんどを捨象し、現在を正統化するのに好都合な本当に僅かなものだけが、あたかも現在を生み出した原因であるかのように説明する歴史のあり方なのである。

ホワイトは歴史に対する自由を何よりも論じている歴史家である。しかし、彼は同時に歴史に対する恣意的な解釈にはきわめて批判的である。なぜならそのことが、モダニティやナショナリティを枠組みとする抑圧的な歴史の大きな根拠となっているからである。その一つの例は、教科書にある近代ヨーロッパの起源を、ギリシアからローマへ、そしてさらには内陸ヨーロッパへという、場所がそれぞれに異なるものに系譜づけた説明に見ることができる。あるいは日本の近代化の起源を、西洋に求める説明にも見出すことができるだろう。そうした説明は、私たちがモダニティを優越的なものと見なしたり、ナショナリティに無批判的であることの大きな誘因となっている。

第9節　モダニストイヴェント

『メタヒストリー』をはじめとする一連の論考で歴史をめぐる問題に大きな反響を呼んだホワイトの議論について、どのようなことを論拠としてホワイトが現在の歴史のあり方へ批判を加えたのかを簡単に紹介してみた。ここで記したように、その議論は必ずしも的外れなものではない。批判の根拠として挙げられたそれぞれに、これまであまり自覚されることのなかった問題があり、提起された問題を考えていくことは、歴史の意味を考察することにとって少なからぬ意義がある。ホワイトの議論が世界的に、とりわけ歴史理論に関心のある人々の間で大きな議論を巻き起こしたのはそのためである。

しかし、いわゆる実際的な歴史研究者は必ずしもホワイトの主張を受け入れなかった。その理由は、基本的には二つの点にあった。一つは、ホワイトの議論が歴史の基本的原理である「歴史は事実にもとづく」という考えを掘り崩すものと考えられたからである。もう一つは、そのこととも関連するが、その相対主義的な主張が、この本で最初に取り上げた歴史修正主義と共通する、保守的な主張であると考えられたからである。批判は当たっているのだろうか。ここではホワイトの議論や思想的立場をたどりながら、その点を検証していきたい。

まずホワイトが最初に挙げたような批判を受けたのは、彼が「歴史と文学には抜きがたい共通性がある」と明確に主張したからである。このことは、歴史＝事実、文学＝フィクションという考えに慣れ親しんでいた人々にとっては十分に衝撃的なことだった。

しかし、ホワイトの主張はそれほどおかしなものではなかった。たとえばホワイトが『メタヒストリー』で列挙し分析の対象としたヘーゲルに始まりミシュレ、ランケ、トクヴィル、ブルクハルト、マルクス、ニーチェ、クローチェといった「歴史家」を、科学的な歴史家の範疇に含まれると見なす歴史研究者は現在どれほどいるだろうか。実証と事実尊重を論じ現在の歴史学にもなお影響を与えているランケですら、その評価は現在ではその民族主義的な側面から理解されることの方が多い。科学的歴史学を作り出したとして一時期は称揚されたマルクスを歴史科学者と考える人は、いるとしても現在ではごく僅かだろう。

ホワイトが指摘するように、こうした歴史家たちはイデオロギー、論証の様式、プロット化の様式にしたがってそれぞれの歴史を叙述していたのであり、その内容はけっして厳密な意味で科学的と言えるものではなかった。とりわけその叙述には多くの文学的要素が含まれていた。

ではそれ自体としては的確な指摘が、歴史研究者からの批判を浴び、なぜ大きな論争を引き起こしたのだろうか。それはホワイトの議論が、一九世紀から二〇世紀初めにかけての歴史家や思想家たちを対象としながら、彼らの仕事を継承し理論的にも実証のレヴェルにおいて精緻化してきたとされる二〇世紀以降の歴史学を、なお一九世紀的要素が内在していることを理由に批判するものであったからである。

ホワイトの議論は、現代の文芸理論などを援用して一九世紀的な歴史を思想史的に分析し、そのことをとおして二〇世紀以降の歴史学を批判するといういささかトリッキーなものであった。それゆえこの批判は、事実性、客観性、実証性を基軸としてディシプリン化していた、つまり学問的なものとしてその地位を確立していた歴史研究者にとっては受け入れがたいものであった。

しかし、ホワイトの批判にはホワイトなりの根拠があった。それは、より近代的なものとして学問化しているとする歴史研究が、近代以降生み出されてきた知的な発展を実際にはほとんど受け入れてはいないのではとする疑問である。そうした疑問を提示するものとしてホワイトがもちいているのが、モダニストイヴェント（modernist events）という言葉である。

モダニストイヴェントというのは、二〇世紀に入ってからいわゆる近代的技術の発展、さらにはそれに伴った人々の意識の変化によって生み出された出来事である。たとえば、小説を例にとればプルーストなどに代表される意識の流れをたどった形式、映画ではストーリー性を破壊しようとしたヌーヴェル・ヴァーグの試み、絵画ではピカソに代表される直観的な、抽象化した表象化をとおして対象を主観的な要素を交えて解体・分解していくという形式である。科学においてはアインシュタインの相対性理論に始まり、複雑系への着目などがこれにあたる。

こうした芸術や科学の様式は人々の対象世界の認識、その表象化に大きな変化をもたらした。もはや芸術においても科学においても、対象を忠実に写実するといったリアリズムの手法、あるいは素朴な経験主義のみによって真実が語られることはない。にもかかわらず、歴史はこれまでの方法、つまり一九世紀的な方法と変わるところがないのではというのが、ホワイトの一九世紀歴史学の分析をとおしての二〇世紀以降の歴史への批判であった。

重要なことは、ホワイトの批判は方法上の革新に鈍感であることだけに向けられていたわけではないことである。芸術や科学の方法的革新は、なによりも現代のアクチュアルな問題を解くものとして提示されている。にもかかわらずアクチュアルな問題への関心の希薄化が、時代の新しい変化が提示しているものを頑なに拒否し、歴史を一九世紀的なリアリズムの枠内にとどめさせているのではないのかという疑問が、ホワイトの批判の起点であった。

このことは、この節の最初にふれたホワイトの思想的立場への評価と深くかかわっている。ホワイトは確とした相対主義者である。そのことは本人も認めている。しかし、相対主義は歴史修正主義に通じるものであり、ホワイトはその擁護者であるという議論は、不正確な、そして不誠実な議論である。ホワイトの思想的原点を知れば、そのことは容易に理解できる。ホワイトの議論を極端に推し進め、現在の歴史の死を論じた『歴史を考えなおす』の著者であるキース・ジェンキンズとのインタビューで、ホワイトは自らの出自と思想的な出発点をこう語っている。

「労働者階級として、私は常にマルクス主義・社会主義の伝統に共鳴していました。デトロイトで私の父は流れ作業で働きました（もともとはテネシーに住んでいてホワイトはそこで生まれたが、大不況で父親が職を求めてデトロイトに移った・・・訳注）。私自身も工場で働きました。私たちは皆労働組合（labor union）の人間でした。・・・大学にいた時、私は『ニュー・ステーツマン』を読んでいました。そしてイギリスの社会民主主義の影響を受けていました。しかし、強力な共産党はなかったので、マルクス主義は大学の学問的な世界の中においてだけ影響を保っていました。私にはそう思えたし、今でもそう思っていますが、マルクス主義はその中で人々が彼らの意味を見出し、生涯それを貫くまとまった実践として歴史について考える最も重要な試みであったし、いまでもそうしたものとしてとどまり続けています。・・・さて、（私の）実存主義的な要素については、これは世代的なことです。私が一七歳の時に戦争が終わり、突然カミュとサルトルの著作が合衆国に溢れ出しはじめました。このことは、一八歳から一九歳の学部学生にとっては大きな興奮を引き起こすものでした。この要素は異なったものでした。私は当時哲学に興味がありました。しかし、合衆国の哲学のすべては、論理的実証主義か分析的哲学のどちらかであって、このことは私にはあまりに退屈なものでした。社会的な、道徳的な問題を扱うことはできないと思えました。そこで私は、マルクス主義を実存主義的に解釈することへと向かったのです。あなたも知っているように、私はマルクス主義が社会についての本当の科学を打ち立てたとはけっして考えませんでした。マルクス主義の主要な力は、その労働者階級のために正義への要求、倫理的な社会主義への要求にあると私には思えました。そしてそれゆえ〔自らの自身の〕選択と責任に強調を置く実存主義が私にアピールしたのです。」

またホワイトは同じジェンキンズのインタビューで、一九六〇年代後半の学生運動から受けた印象を以下のように記している。

「私は一九六〇年代後半（の事件）が生じた時のことを憶えています。その時以前は、私たちの学生は従順でした。この時、彼らは急進的になり始めました。私は一九六八〜九年に同僚が、彼が西洋文明コースを教えていた時に、学生たちが立ち上がりなぜそうしたことを学ぶ必要があるのかを訪ねられてショックを受けたことを憶えています」

この二つの答えから読み取れることは、ホワイトは出自的にも思想的にも社会主義的な思想に共感する、そして一九六〇年代の学生を中心とした急進的な運動が投げかけた問いを受け止めようとした人物だということである。このことはホワイトについての多くの論考が共通して指摘している。たとえば現在の段階では最も優れたホワイト論の一つを書いたヘルマン・パウルはホワイトを、前述の証言でホワイトが自ら語っているようにハイデガーではなくカミュやサルトルの実存主義の影響を受けた人物であり、同時に一九六〇年代に世界的に形成されていた自由主義的、急進主義的な思考にもとづいた歴史叙述を志した人物であるとして、ホワイトの思想を「解放の歴史叙述」(liberation historiography) として位置付けている。

では何に向けて解放するのか。一部の歴史学者に占有されてきた歴史を、すべての人々に対してである。ホワイトは、共産主義体制下のポーランドで歴史を学び、東欧の民主化に伴ってポストモダニズム的な思考に触れ、現在ではホワイトのよき理解者の一人でもあるエヴァ・ドマンスカに対して、「過去を研究することを職業とする人々が社会の中にわざわざいるのは、きわめて奇妙なことです」と語っている(このインタビューは一九九三年に行われたもの。『思想』―「ヘイドン・ホワイト的問題と歴史学」二〇一〇年八月号で紹介されている)。

またホワイトは彼についての論考を集め二〇〇八年に刊行された『リシンキングヒストリー』の特集号で同じドマンスカに対して、

「私は歴史という学問を歴史化しているのです。・・・あらゆる人に異なった目的のために、異なったやり方で、過去についての知識を研究し、使用する権利があります。専門的歴史家は(近代という時期において)適正に『歴史的』な過去を研究する方法を見出したと主張してきました。・・・(歴史家は)権威ある立場を振りかざし、当然とみなす傾向があります。問題の権威は『科学』あるいは『科学的』であると主張されます。しかし、実際にはそれは素人を圧迫するために持ち出される学問的歴史学・歴史叙述という制度の権威なのです」とも述べている。

ホワイトの相対主義は、歴史が近代社会において事実性や科学性、あるいは客観性を根拠に権威化されるようになったことへの批判であり、それを普通に生きているすべての人に取り返していくということを意図した議論であった。認識主体が多元化すれば多様な歴史認識が生ずる。その意味で歴史が相対化されるのは、当然のことである。

第10節　制度のなかの歴史学

歴史をすべての人々のものとするという主張は、それほど奇妙な感じを与えない。しかし、「過去を研究することを職業とする人々が社会の中にわざわざいるのは、きわめて奇妙なことです」「(歴史家は)権威ある立場を振りかざし、当然とみなす傾向があります。問題の権威は『科学』あるいは『科学的』であると主張されます。しかし、実際にはそれは素人を圧迫するために持ち出される学問的歴史学・歴史叙述という制度の権威なのです」という主張はどうだろうか。

現在ではあらゆる分野は高度に専門化されている。そして専門的研究者への委託は、研究が科学的であるためには常識的なこととされている。そのために大学などの専門的研究機関が存在する。専門的研究者は、自らの研究は科学的なものであるという自負をもって研究を遂行している。多くの歴史研究者もまた自らの歴史研究は学問的な手続きをふまえたものであり、事実にもとづいた（しばしば科学的な）

論証を行なっているものであって、けっして恣意的なものとして構築されたものではないと考えている。権威的なものでもないとも考えている。その点で多くの研究者が、ホワイトに反発し、あるいは無視したのは当然であった。しかし、自省的に考えるなら、歴史研究者にとってホワイトの主張は、参照すべき重要な問題を提示していた。

たとえば大学とはなんだろう。大学は言うまでもなく、学問研究の専門機関であると同時に、社会的な秩序を再生産するための、（現在ではかなり大衆化したが）とりわけエリート層を再生産するための、機関であった。そのことは、大学が有力な国立大学や私立大学を頂点としたハイアラーキーを有していることからも理解できる。戦前の日本では、東京帝国大学を中心とするハイアラーキーが官僚的な日本の統治機構を支えた。したがって東京帝国大学を中心とするハイアラーキーが支えていた学問は、統治システムにとって有用なものでなければならなかった。国粋主義的な歴史学を推進した平泉澄が東京帝国大学の教授であったことは、その典型的な例である。

戦後の大学は、学問の自由の名の下に民主化される。国家や社会の制約から自立した学問が目指された。しかし、現在ではその実態はかつて理想とされたものからははるかに遠いものとなっている。私はここで大学や同僚に対する批判は避けたいのだが、あえて言えば、大学は再び「曲学阿世の徒」の跋扈する場所となりつつある。

一般的な問題にはこれ以上深入りするのを避けて、もう少し具体的な問題、私が専門としている歴史学や外国史研究を例にとって、大学での学問がどのような社会的な枠組みの中にあり、そこからどのような問題が派生しているのかについて議論してみよう。その例として最もわかりやすいことは、大学における欧米研究者の数の多さ、とりわけ英米研究者の数の多さという問題である。理由は大学での教育の中心に英米語教育が置かれているからである。なぜそうしたことが起きているのかと言えば、それは一九世紀のパクス・ブリタニカ、二〇世紀のパクス・アメリカーナといった状況が英語教育を大学での教育の中心としたからであり、英米文学や英米語が学問的に他の文学や言語に対して学問的対象として取り上げられるような内在的な優位性をもっているからではない。

歴史研究に関しては、全国の大学のすべてに歴史を研究する学部や学科があるわけではない。仮にあったとしても、そこに所属する教員の数は平均的には十人程度である。史学科に属さない歴史研究者も存在しているが、それらを合わせても大学に所属する専門的な歴史学の研究者は全国で数千人程度だろう。一見するとかなり多くみえるが、当然のことながら日本史研究者がかなりの部分を占めていて、これを六割だとすると、残りのうちの半分が欧米史、さらに残りの半分が、アジア史、中東史、アフリカ史、あるいは中南米の歴史に割り当てられている。欧米史では英米語圏が七割を占め、残りの大部分はドイツ史、フランス史である。一方でアジア史でも中国史が多数を占めている。

したがって、イタリアとか、スペインというようなヨーロッパ史で重要な役割を果たした地域に対する大学教員である研究者は（ローマ史を除けば）全国でせいぜい数十人程度である。それ以外の地域、たとえばポルトガルやポーランド、オランダ、スウェーデンの歴史となると、その数はさらに少なくなる。アジア史についても事情は同じである。タイ、フィリピン、インドネシアはもちろんのこと、韓国、インドといった地域の歴史の研究者はきわめて少ない。大学での職を得るのがきわめて困難だからである。担当教員としてせいぜい数名しか雇い入れることのできない大学にとって、現在の日本では「特殊な」専攻領域に所属する教員を採用することは教育上効率的ではないからである。

大学における研究は、けっして中立的なものではない。現在における社会のあり方が、その研究のあり方に強く影響している。この本の冒頭でも述べたイギリスに滞在していた時期に、私は多くのイギリス史についての学会やセミナーに参加した。そこで実に多くの日本人と出会った。おそらくイギリスとの歴史的関係というならインドのほうがより深いはずなのだが、インド人のイギリス史研究者には出会うことは少なかった。

このように過去の事実と、現在の歴史研究のあり方は大きく食い違う。どのような歴史研究が行なわれるかは、あくまでも現在的な社会的枠組みによって決定されている。それは日本人でありながら、英語文法を研究する研究者の数のほうが、日本語の文法を研究する研究者よりもむしろ多いという逆転した事実に反映されている。社会的枠組みが教育や研究のあり方を規定しているのであって、学問的な真実性が現在の研究のあり方を中立的なかたちで決定しているわけではない。

歴史研究もそうした枠組みの中に置かれている。もし歴史研究が過去の事実を、客観的に再現することを基本的な目的としているのなら、実際の歴史的な相互関係が最も強かったはずの朝鮮半島史の研究者が、日本の外国史研究者の中では最も多くなければならないはずである。既にふれたように、現在の日本における歴史のあり方、とりわけ世界史教育や世界史研究のあり方を見れば、そこで支配的なのは、ホワイトがそのことを批判したようなジェネアロジカルな遡及的叙述、きわめて偏りのある恣意的なものであって、過去を事実通りに認識する、つまり過去全体をありのままのものとして認識するというジェネティックな理解とははるかにほど遠いものであることに気づく。

歴史研究を事例として現在の研究にある問題点にふれたが、学問一般の問題に話を戻すと、専門的研究機関で行われている学問は、少なくとも形式的には一定の科学性や客観性、あるいは中立性にその根拠を置いてはいるが、それは絶対的なものではない。研究機関は機関を維持していくためにはなんらかのかたちでの収入が必要である。研究者も研究（あるいは教育）への対価として給与を支給される存在である。研究機関や研究者にはそのことに由来する大きな社会的制約がある。近代以降の世界でとりわけ重要な役割を果たしている近代国民国家、そして近代資本主義の発展とともに拡大してきた市場システムが実際には学問のあり方を大きく規定している。歴史研究もまたそうした枠組みの中にある。歴史研究はナショナリティとモダニティという枠組みの中に置かれている。

ホワイトが批判したのは、モダニティとナショナリティの枠組みの中に置かれた歴史である。事実性、客観性、中立性という外皮をまとうかたちで、本来は多様であるべき私たちの過去認識を、共同的な、画一的なものとしている歴史である。たとえば多くの人は、西欧を近代の規範として理想化している。日本人は日本人として共通した歴史をもつことをあたかも当然のことのように考えている。しかし、私たちにとって過去とは、そうしたものとして認識すべきものなのだろうか。それが本当に正しい歴史のあり方なのだろうか。

そのことへホワイトは疑問を投げかけた。歴史は歴史学者によって占有されるものではなく、一人一人にとって実際的なものとして存在すべきものである。ホワイトが近年、オークショットが論じた歴史学的過去に対比するかたちで、オークショットが否定的に論じた「実用的な過去」の意味を再評価しているのはそのためである。ホワイトは二〇一五年のアンゲリキ・スピロプロウとのインタビュー

（一九二八年に生まれたホワイトにとっては八〇歳代後半に行われたものとなる）でこう語っている。

「歴史と歴史記述に関して言えば、ポストモダニズムはクイアヒストリー、ポストコロニアル・サバルタン研究、環境史、ビッグデータヒストリー、ディープヒストリーにもとづく歴史叙述のような様々な『風変り』で非標準的な活動をとおしてその姿を明らかにしています。しかし、そのような動きは、…専門的歴史家の間ではほとんど進められていません。ポストモダンの歴史叙述は、その指示対象（過去、一七世紀、封建制、ルネサンスなど）を、先験的な所与のものとしてではなく、構築されたものとして…始められるべきです。」

ここにはホワイトがなぜ歴史の相対性を論じたかが具体的に示唆されている。従来の制度化された、しばしば固定化された概念に依存していた歴史学を相対化し、多様な人々の立場から、多様な過去のあり方を求めていく、それがホワイトの論じ続けてきたことである。簡潔に言えば、閉じられた歴史から開かれた歴史へ、それがホワイトの志向した歴史である。その根拠としてホワイトが論じたことが、歴史と文学の共通性という問題だった。歴史への想像力の介在という問題だった。同時に歴史の相対性、突き詰めれば個人性、主観性という問題だった。

ここで一つの問題が浮かび上がる。つまり経験をふまえた個人的な主観的な過去認識の代表的な事例とされてきた記憶は、歴史とどう関係しているのかという問題である。次の章では、その問題が、記憶が言語をとおしてどのように物語られているのかということをふまえつつ、記憶論の歴史を考察することをとおして、記憶の共同性といった問題とあわせて論じられていくことになる。

第5章　記憶と物語

第1節　記憶の役割

私たちがなぜ歴史に物語というかたちを与えているのかと言うと、それは、私たちの記憶のあり方とかかわる。私たちのアイデンティティと深い関わりのある記憶が、しばしばストーリー、物語という形態をとるからである。このことは、自己紹介のようなかたちで自らを説明することを求められた時に、自分をどのようなかたちで説明するか、ということからも理解できる。私たちは自分を過去からの一定のストーリーをとおして説明することが多い。自伝はその典型である。自伝では語り手の過去は、他者に対して一つの物語として説明される。

自伝がそのようなものとして書かれるのは、私たちが自らの過去をしばしば一つのストーリーとして内省しているからである。その内省において最も重要なことは、自己の同一性である。過去から現在にいたるまでの自己が、一つの記憶によって繋ぎ合わされた間違いなく同一の人物である、ということである。

このことは逆に記憶が失われれば、アイデンティティ、つまり自己の同一性もまた破壊されることを意味する。それどころか、記憶を完全に失った人物は、プルーストの『失われた時を求めて』やサルトルの『嘔吐』の主人公たちのように、目の前にあるあらゆるものを、日常的な食べ物ですら、それが何であるかを理解できず、自己に関連づけることができない。それらは、彼らに混乱した、不快な感情を引き起こすものでしかない。なぜなら記憶をとおして得ている経験則が、私たちの日常生活にとって基本的な役割を果たしているからである。

記憶と経験則が日常生活において果たしている役割については、酒に酔った人がホームをふらついているのを目撃した場合、という例をとるとわかりやすい。もし通常の親切心があれば、私たちはその人物に声をかけ、あるいは直接抱きとめ、ホームに落ちるのを阻止するだろう。そうした行動をとらなければ、次の瞬間に、つまり「未来」に、その人物が電車に轢かれるであろうことが予測されるからである。つまり私たちは、「未来」を予測して行動をしている。その「未来」への予測は、「酔っ払いがホームをふらついているのは危険である」というこれまで得てきた経験則、つまり「過去」の記憶によって成り立っている。

そればかりか、記憶は私たちの社会生活でも重要な役割を果たしている。一週間前の殺人事件ということを例にとってみよう。仮に事件が一週間前に起きたことが事実だとしても、社会を構成する人々が事件についての記憶を持たなければ、あるいは失えば、犯人が罰せられる理由はまったく存在しない。

犯人が何年か後に、殺人者として、死刑を含めたなんらかの刑罰にふされるのは、社会がこの事件と、犯人についての記憶を持ち続けた限りにおいてなのである。

しかし、ここで例として挙げた一週間前の殺人事件の記憶ということには重大な問題が含まれている。なぜならそれは私たち個人の記憶ではなく、テレビや新聞のニュースなどで伝えられた情報が、いつの間に私たちに内在化している集団的な記憶にすぎないからである。殺人犯あるいは目撃者でない限り、この記憶は直接的なものではない。にもかかわらず、私たちはなぜ事件についての記憶を抱いているのだろうか、あるいは抱き続けていく必要があるのだろうか。

一つのヒントを提供しよう。殺人事件のニュースほど多くはないが、再審が認められた事件が時折冤罪として報道される。もちろん再審請求のすべてが認められているわけでなく、きわめて少数の事例である。逆に死刑囚による再審請求は数多く行われている。その数は確定囚の半分に及ぶことがある。しかし、私たちの多くは冤罪が認められた事件については被告とされた人についての記憶を修正するが(修正しない人も少なくないが)、認められないものについては、彼らが犯人であるという記憶を保持し続ける。やがては彼らが刑を執行されても、そのことに疑問を感じることは少ない。

事件の状況をよく考えてみよう。目撃者がいなかったとしたら、現場にいたのは被害者と加害者だけである。被害者は死亡しているわけだから、事件についての直接の記憶を有しているのは加害者だけである。その加害者がたとえば正当防衛だとか嘱託殺人だという記憶を語った際に、なぜ私たちはその記憶を継承せず、ニュースなどで報じられた事実を私たちの共同の記憶とするのだろう。第三章でふれた問題に立ち返れば、事件のジャストワンウィットネスは犯人とされている人物以外は存在していない。

殺人事件の犯人とされる人の多くが再審を請求するとき、何を根拠として私たちはある人物は犯人であって死刑に値するとし、ある人物は冤罪だから釈放されるべきだと判断するのだろうか。

それは個人の記憶、この場合は殺人事件の容疑者だが、それを絶対化すれば社会の秩序が成り立たないと多くの人が考えているからである。そのために人々は共同化された記憶を自己のものとしている。このように共同化された記憶には、人々がそこに内在している制度を維持するための制度化された記憶という側面がある。

犯罪の処罰が国家的な枠組みで行われていることに示されるように、共同化された記憶を制度化している単位が民族や国家である。パレスチナの土地を簒奪されたという記憶が失われれば、アラブ社会とイスラエルの対立の理由は失われていく。ユダヤ人が紀元前の時代から引き継がれたとされる「過去への記憶」を共同のものとして保有していなければ、イスラエル建国ということも起きえなかった。同様にコソボを、セルビア人がオスマン帝国と戦った聖なる地であるとする記憶が共同のものとして構築されなかったら、旧ユーゴの民族紛争もあれほど深刻なものとはならなかったはずである。

そもそも二〇世紀に入ってからパレスチナに移住してきたユダヤ系の人々の祖先のすべてが、紀元前の時代にパレスチナに居住していたとするのは、既にふれたようなジェネティックなかたちで分析をすれば、事実にもとづくものではないことが証明されるはずである。ふだんあまり気づくことはないが、共同化された記憶は社会を制度的に維持するにあたって重要な役割を果たしている。そして多くの人々は無意識のうちに、あるいは意識的にそうした記憶を受け入れている。

第2節　過去の制作

このように記憶は、私たちと私たちの社会にとってきわめて重要な役割を果たしている。根拠は、記憶は過去に実在したものにもとづき構成されたものである、ということである。このことを私たちはあまり疑うことはない。しかし、厳密に議論を立てると、記憶と過去の実在は必ずしも厳密な対応関係にはないとする議論も成り立つ。そうした議論の一つが、『時は流れず』をはじめとした一連の著作で、「私たちの生活世界の事実としての過去とは、人間が言語的に制作（ポイエーシス―アリストテレスがもちいたこの言葉に由来している）した『過去物語り』にほかならない」（同上書、九頁）という観点から記憶の問題を論じた大森荘蔵の議論である。

大森は、私たちが認識している過去は、過去実在とは異なるものであるということを、きわめて理解しやすい事実で説明する。知覚（視覚、聴覚、臭覚、味覚など）は、過去の経験を想い起こした際に、そのままのものとしては再現されないということである。過去が想い起こされるといっても、過去の私たちの知覚経験、つまり大きな音や、痛いという感覚や、おいしいと感じる味覚が、そのままのものとしては想い起こされない、ということである。そのことを大森は、

「・・・昨晩の食事を思い出すとき唾が出てくるかもしれないが、その唾にビフテキやソースの味がかすかにでもするだろうか。味がするなら二度目の味を楽しめる〈無料で〉が、そうは問屋がおろさない。その反面、先週の歯医者に与えられた痛烈な痛みを思い出しても、有難いことに痛みの残りを感じ

ることもない。要するに過去の知覚はすでに過ぎ去って、いまは存在しない。思い出しているのは、『ああ痛かった』『ああうまかった』という命題なのである。このことを認めるならば、想起内容が過去自体の再現だなどという早とちりも消え去るだろう」（同、六三頁）

という、おそらくはアウグスティヌスの『告白』からヒントを得たと思われる言葉で説明している。

このことに関連して大森は、

「想起は知覚の対極であって、何ら擬似知覚的なものを含んでいない。事実、想起は主として言語的なのであり、それが言語的な過去了解であることは誰でも自分の想起経験を想起してみれば直ちに納得されるだろう」（『時間と自我』一〇二頁）

とも指摘している。つまり、想起という行為は「痛かった」「うまかった」という言語表現を借りて行われている、という指摘である。想起の言語性という主張である。

そうした想起のもつ言語性という問題を、大森はまた夢を例にとって論じる。そこで提起されている問題は、「夢はいつ見たのか」という問題である。しかし、「夢はいつ見たのか」という設問は、設問自体として奇妙である。というのは、「見たのか」という過去形で表現されている以上、「過去に見た」ものであることが、論理的には自明のものとされているからである。私たちが夢に関してふだん当たり前のこととして感じていることは、そして語っていることは、「寝ている間に見た」「起きる前に見た」夢を、起きてから想い起こしている、ということである。

これに対して大森は、

「その夢を想起するまではその夢はまだなかったのであり、その夢の想起によって夢見があったことになるのである。・・・言いすぎを恐れず敢えて言えば、夢をみる、という現在形経験は存在せず、あるのは夢をみたという過去経験であり、夢の想起こそその過去形経験に・・・他ならない。つまり、夢の想起こそ夢をみた、夢の中でかくかくであったという、過去形の事態を経験することなのである。夢は床の中でみるものではなく醒めてのちにみたものなのである」（同、五二頁）

と主張し、私たちの常識的な感覚の中にある矛盾を批判する。

「夢を見た」ことが自覚されるのは、その「夢を見た」という体験が、夢の内容とともに想い起こされた時はじめてだからである。その想起によってはじめてその実在が認識される以上、夢は寝ている時にではなく、目覚めた後に、つまり想起されている時に見られている、ということなのである。そしてその想起は、夢をどのようなかたちで私たちが想起するのかを考えてみればわかるように、言語的な形態をとって行われている。

こうした立場に立って大森は、

「過去は知覚されずにただ想起されるように、夢もまた知覚されるのではなくただ想起される。この想起において知覚の五感に代わって働くのが言語である。過去なるもの、したがって夢もまた過去として言語的に想起される。だから、過去とは過去物語であり、夢はまさしく夢物語なのである」（『時は流れず』一〇七頁）

と主張する。この引用からもわかるように、言語によって想起された過去、夢を、大森は物語という言葉で呼んでいる。

またそのようなものの別の例として大森があげるのは、ミステリードラマの構造である。私たちは何気なく見過ごしているが、ミステリードラマの定番には、大団円として、断崖、あるいは大広間での、犯人の告白、探偵の推理の開陳、という場面がある。画面では語り手によるモノローグとともに回想シーンが映像で再現されることが多い。

しかし、よく考えればわかるように、その映像を見ているのは視聴者である私たちだけであり、場面に映し出されている登場人物自体は、モノローグとして語られている「物語」の話し手と聞き手でしかない。つまり「実際に」事件に関わった人々にとっての過去は、私たちが映像をとおして接するような「擬似的リアリティをもって再現されるものではなく」、言語をとおして語られる「物語」でしかない。登場人物たちにとってそうであるように、実は私たちにとっても、過去は物語られているものでしかない。言語によって想起されているに過ぎない。再現映像のように事実性を詳細にいたるまで確認しうるものではない。にもかかわらず、私たちは言語による想起を、無意識のうちに再現映像に置き換えがちである。

第3節　ストーリーとナラティヴ

大森の議論は、基本的にはダントの議論を継承したものである。物語という言葉は日常語である。であるがゆえに、「歴史は物語である」という言い方は受け入れられやすい。しかし、議論をより正確に理解するために、物語という言葉の意味を、歴史という言葉との関連から正確に論じておくのがよいだろう。なぜ「物語」（narrative）という言葉が「歴史」（history）をめぐる議論で重要な対象として登場するようになったのかを理解するには、そのことが必要である。そのために、やや煩瑣になるがここでの議論にかかわるいくつかの言葉を、語源的な意味をも含めて再確認してみたい。

ここまで「ストーリー」(story) という言葉と「物語」(narrative) という言葉をあまり区別せずにもちいてきたが、まずストーリーについて整理すると、しばしば歴史の入門書に書かれているように、また一見すればわかるように、ストーリー (story) と歴史 (history) は語源を共有する。その語源は、ギリシア語の「ヒストリア」(historia) という言葉であり、本来は筋道をたてて語る、研究して得られた知識、という意味である。歴史の入門書では、ヒストリーという言葉はしばしば目撃したものを記すという意味であるとされている。

一方で訳語としてもちいられる歴史に関しては、「歴」という言葉は「履歴」という言葉の使い方をするように、経ること、通り過ぎること、既に経過した事柄のこと、あるいは順を追って説明するという意味であり、「史」という文字は「中」と「又」の合字であり、「持つ」という意味のある「又」に、中正、公平の意味の「中」を組み合わせたもので、中正にことを書き記す役人の意から、文書記録という意味に転じたとされる。したがって「歴史」は、月日の経過の中で行われたことを中正に書き記したもの、というような意味である。

ナラティヴの基本的な意味は、既に述べたように「出来事を時間構造の中で結びつけ、それに説明的要素を加え叙述したもの(したがって『バラの花が咲いた』というような文章はナラティヴであるが、『林檎は丸い』というような文章は一般にはナラティヴには含まれないとされる)であるが、英和辞典を引くと、訳語としては多様な日本語があてられており、基本的にはストーリーと同様に物語と訳されている。ランダムハウス辞典ではナラティヴの項で、ナラティヴとヒストリーの違いが説明されている。その説明にしたがえば、ナラティヴは「あらゆる種類の話について用いる一般語」とされ、これに対してヒストリーは「通例は相当に長く詳細に書かれたもので、因果的関係を探り、事実を評価、解釈しようとするのが特徴である」とされている。

また近年文学理論の領域で盛んに議論されるようになっている「物語論」(Narratology) においては、ナラティヴの概念規定は多様であるが、『物語論辞典』を編纂したジェラルド・プリンスは、いちおうナラティヴを、「一・二名あるいは数名の（多少なりとも顕在的な）語り手によって、一・二名ないしは数名の聞き手に伝えられる一ないしそれ以上の現実の、あるいは、虚構の事象の報告（所産と過程、物証と行為、構造と構造化としての）をいう」ものとして規定している。

なおナラティヴやストーリーの日本語の訳語としてもちいられている「物語」という言葉を国語辞典で参照すると、（一）あるまとまった内容を話すこと、（二）作者が人物、事件などについて他人に語る形で記述した散文の文学作品。特に人物描写に主眼のある小説に対して、事件の叙述を主とするものを指すことが多い。狭義には日本の古典文学で『竹取物語』『伊勢物語』に始まり、『宇津保物語』『源氏物語』で頂点に達し、鎌倉時代の擬古物語にいたるまでのものをさす。歴史物語、説話物語、軍記物語を含むことがある、といったような内容が記されている。

また物語るという動詞に関しては、基本的な意味として「物事を語る」「話をかわす」という意味が記されている。なお「語」の意味を漢和辞典で調べてみると、「口と、こころの意（心）とともに音を示す『辛＝しん』とを合わせた字で、心の中にあることが口から表現される意である」「言」という文字と、「互いの意をしめす『五』と『口』をあわせて、人と人がたがいにことばをかわす意」である『吾』という文字を組み合わせた文字である、と説明されている。

このようにみてみると、ヒストリーを歴史と訳すのはそれなりに意味を伝えていると言えるが、ナラティヴと物語ではニュアンスに若干の相違があると考えてよいかもしれない。ナラティヴがヒストリーに対しては、広義の意味を含むのに対して、物語という日本語は、もちろん一般的な意味もあるが、むしろ文学的に限定した意味合いでもちいられることが多いからである。

以上ストーリーやナラティヴ、物語という言葉を語義から検討してみたが、私はそうした問題にそれほど深い関心があるわけではない。そもそも語源にまで遡って言語の意味を固定してしまうということは、おそらくはこの本が全体として進めている議論に大きく逆らうものとなってしまう。しかし、私があえてそうした問題に言及したのは、物語論という議論に関しては、とりわけ物語とかナラティヴという言葉の持つ意味をある程度理解しておいたほうがよいと考えたからである。

結論的に言えば私自身も物語という言葉をやや曖昧に理解しているのだが、いちおうここでは物語という言葉の意味を、（一）物を語るという一般的なニュアンスを表す、（二）出来事の時間による変化を示す、これらと共通する部分もあるが、（三）英語のナラティヴ論に対応する訳語、（四）文学の形式という四つくらいの意味に整理したうえで、それが歴史の物語論というようなかたちでもちいられる場合には、時間的構造の中で事実の経過や因果的な関係を示し、比喩的な文章表現をも含めて説明するものと定義しておきたい。

第4節　物語の共同化

歴史の物語論に話を進めていこう。そのために現在の日本における物語論の代表的著作である野家啓一の『物語の哲学』を取り上げる。理由はこの著作がかなりまとまりのある歴史と物語に関する議論を展開しているからである。議論の基点となっているのはダントや大森の過去想起論である。

「過去に生起した『出来事』は、このような物語行為によって語り出された事柄の中にしか存在しない。現前しつつある知覚的体験は、物語行為を通じた『解釈学的変形』を被ることによって、想起のコンテクストの中に過去の『出来事』として再現される。・・・

過去の経験は、常に記憶の中に『解釈学的経験』として存在するほかはない。われわれは過ぎ去った知覚的体験そのものについて語っているのではなく、想起された解釈学的経験について過去形という言語形式を通じて語っているのである。『知覚的体験』を『解釈学的経験』へと変容させるこのような解釈学的変形の操作こそ『物語る』という原初的な言語行為、すなわち『物語行為』を支える基盤にほかならない」(同書、一八～九頁)

という文章に、そのことは明確に読み取ることができる。

ここで留意すべきは、前述の引用でも繰り返されているように、野家が「解釈学的変形」という言葉をもちいて、想起の際に「過去」は「現在」によって「変形」されることを強調していることだろう。過去は過去そのものとしては想起されず、物語化されてもいない、という考えである。

こうした議論を野家は、柳田国男の物語論、特に柳田の口承文芸についての考えを取り上げるかたちで進めている。そこでもちいられているのは、既に紹介した脱構築論的な考え方、すなわちパロールとエクリチュールの差異という図式である。

「音声言語によるコミュニケーションが『声』によって媒介されるものである以上、その及ぶ範囲は空間的に限られており、追理解の連鎖はたかだか同時代人の集団を包摂するに留まるであろう。したがって間主観性もまた一定の空間的広がりを獲得するにすぎず、そこで構成される客観性は共時的客観性を超えることはできない」(同、三六頁)

というような、音声言語の限定性ということである。

限定性をもった音声言語による伝達の通時化は、当然のことながら時間的な経過にともなう変容を免れない。

「口承言語が『文字』ではなく『音声』を媒体とするコミュニケーションである以上、話者は『常に自然の印象と記憶力とによって』物語を伝達するほかない。印象深い場面は記憶に永く留められるであろうし、逆に陳腐なディテールは記憶の濾過作用によって忘却されるに任されるであろう。そこには自ずからなる『取捨選択』の力学が働くはずである。その選択は、柳田が指摘するように、物語が伝達される『場』や『コンテクスト』の圧力によっても積極的に促進される。聴衆が耳を傾けてくれなければ話が続かない以上、話者は絶えず『聴衆の顔色によって影響を受ける』からである。記憶と忘却との拮抗によって洗い出された細部は話者の想像力によって補完され、さらには聴衆の興味関心の方向に沿って膨らんでいく。それゆえ、物語は『話者』の作用と『場』の反作用とのせめぎあいとその止揚を通じ

て生成されて行く」（同、六九頁）

からである。

こうした変容（解釈、さらには事実の）を伴いながら、なぜ過去の経験が物語として人々の間に伝えられていくのかというと、それは、

「物語られた経験は絶えざる解釈を通じて生活世界の下層に沈殿し、やがては『規範』に転化することによってわれわれの生活形式を形づくる」（同、八五頁）

からなのである。

別の言い方を借りれば、

「一度限りの個人的な体験は、経験のネットワークの中に組み入れられ、他の経験と結びつけられることによって、『構造化』され『共同化』されて記憶に値するものとなる。逆にいえば、信念体系の中に一定の位置価を要求しうる体験のみが、経験として語り伝えられ、記憶の中に残留するのである。したがって、繰り返せば、経験を語ることは過去の体験を正確に再生あるいは再現することではない。それはありのままの描写や記述ではなく、『解釈学的変形』ないしは『解釈学的再構成』の操作なのである。そして、体験を経験へと解釈学的に変形し、再構成する言語装置こそが、われわれの主題である物語行為にほかならない。それゆえ物語行為は、孤立した体験に脈絡と屈折を与えることによって、それを新たに意味づける反省的な言語行為といえるであろう」（同、一〇七頁）

からである。

野家の言葉を借りれば歴史の「解釈学的」側面を強調するこの歴史＝物語論のもう一つのポイントは、

既に引用した部分にもある「構造化され」「共同化された」記憶、というテーマである。やや煩瑣になるが引用を重ねると、それは、

「『思い出』はそのままでは『歴史』に転成することはできない。思い出されただけで、それが再び記憶の闇の中に消え入るならば、思い出は甘美な個人的感慨ではあっても、間主観的な歴史ではない。思い出が歴史に転生を遂げるためには、何よりも『物語行為』による媒介が不可欠なのである。思い出は断片的であり、間欠的であり、そこには統一的な筋もなければ有機的連関を組織する脈絡も欠けている。それらの断片を織り合わせ、・・・起承転結の結構をしつらえる・・・ことこそ物語行為の役目にほかならない。物語られることによってはじめて、断片的な思い出は『構造化』され、また個人的な思い出は『共同化』される。『物語る』という言語行為を通じた思い出の構造化と共同化こそが、ほかならぬ歴史的事実の成立条件なのである。それゆえ、歴史的事実は、ありのままの『客観的事実』であるよりは、むしろ物語行為によって幾重にも媒介され、変容された『解釈学的事実』と呼ばれねばならない」（同、一一三頁）

という指摘である。

記憶の構造化とか、共同化という問題は、二つの側面から説明するとわかりやすい。一つは、真理の制度化という問題である。その具体的な例を私は既に提示した。一週間前の殺人事件の犯人は死刑に処しうるのか、というような問題である。もし、歴史の相対論を推し進めて過去の事実についての認識は不可知であるという立場に立てば、過去に行なわれた犯罪に関して、それが一週間前の事件であっても犯人を逮捕することも、裁判にかけることも、処刑することもできなくなってしまう。

日常生活においても、たとえば友人間で金を貸借したとか、誰かが交通事故を起した、というようなことへの記憶が、記憶であるがゆえに実在とは必ずしも厳密には対応しない物語であるとされてしまえば、私たちの日常生活はまったく成り立たない。逆に言えば、実際の生活を維持していくために私たちは、存在していたとされる「真実の過去」を再構成し、それが真実存在していたものであるという確認を維持しあう。社会を成り立たせていくためには、どうしても「制度化」された「真理」が必要なのである。またそのような真理を社会制度として作り出すために、真理とされるものは多くの人の合意を得られうるものでなければならない。合意を得られなければそれは実用性をもち得ない。逆に言えば実用されている真理は、ある条件を満たしている。この問題は既に大森が議論している問題である。そこで大森が指摘する真理が制度として成り立つ条件は、たとえば裁判技術として広くもちいられているような、（a）証言の一致、（b）想起命題の内容が法則に適合している、（c）物証の存在といったようなものである。たとえ過去が言語的に制作された物語であっても、こうした真理条件によって確立されたものであるならば、それは真理として実用すればよいのであり、そのことによって私たちの社会は成り立っている、というのが大森の主張である。

大森はそのことを、

「社会的合意を維持するために過去の真理性という一つの基本的概念が制作されるに至った。現在われわれの社会で実用されているのがこのようにして制作された真理概念なのである。だからこの真理概念は何か深い哲学的根拠に基づいて作られたというようなものではなく、あくまでも実用を旨として社会的合意の下で作られた概念であって、一つの社会制度と言っても間違いはない」（『時は流れず』二四頁）

という言葉で説明している。

記憶の構造化や共同化がもつもう一つの側面は、それがアイデンティティの問題と深くかかわっていることである。そうした行為が行なわれるのは、ここでは野家の言葉を借りれば、「(人間が) 無慈悲な時間の流れを『物語る』ことによってせき止め、記憶と歴史〈共同体の記憶〉の厚みの中で自己確認（identify）を行いつつ生きている動物であるということを意味している。無常迅速な時の移ろいの中で解体する自己に拮抗するためにこそ、われわれは多種多様な経験を記憶にとどめ、それらを時間的空間的に整序することによってさまざまな物語を紡ぎ出す」(前掲書、一九頁) からである。間主観的な記憶を共同化することによって人間は歴史という物語を作り出し、そのことをとおして自らのアイデンティティを形成し、維持している。

第5節　集合的記憶論

記憶の物語性、その共同化や集団化、そしてそれらの私たちのアイデンティティとの関わり、といった問題について野家と並んで優れた議論を行なっているのは、『自己と「語り」の社会学』『過去と記憶の社会学』といった著作で、題名が示すような「自己」「語り」「過去」「記憶」という問題を、社会学や社会心理学の視点から論じた片桐雅隆である。

基本的には片桐の議論は、ミードの考えに基礎を置くとされる「シンボリック相互行為（作用）論」をふまえて発展してきたとされる「社会的構築主義」と言われる議論と、ピアジェによって開始された発達心理学の流れを受けた社会心理学との、あるいはそれらと最近の歴史理論の総合化を目指したものであると言えるが、その議論にはこれまで紹介してきた歴史哲学的な議論、あるいは歴史の認識論をめぐる議論と共通する点も少なくない。

その理由は、社会学的な観点から、歴史と記憶の関係、歴史や過去の言語化・象徴化という問題、歴史の共同性や集団性の問題、そして歴史もしくは記憶と私たちのアイデンティティとの関わり、といった問題を、この本が検討してきたポストモダニズムの提起した問題を取り入れるかたちで議論しているからである。もちろん私は歴史哲学についてと同様、社会学に関してもそれほど多くの専門的知識を持ち合わせているわけではない。ここでは基本的には片桐の議論をたどりながら、社会学、社会心理学という領域で記憶とか歴史の問題がどのように議論されているのかを検討することをとおして、ここまで行ってきた議論を別の角度から検討していきたい。

この点に関してまず紹介すべきは、記憶の共同性、物語性にかかわる先駆的な議論として紹介されることの多い、『集合的記憶』(*La mémoire collective*)という著作を書いたフランスの社会学者であるアルヴァクスの議論である。簡単に内容を紹介すると、アルヴァクスは、記憶を私たちが個人として自らに関して保持している自伝的な記憶、内的記憶(個人的記憶)と名づけられるものと、歴史のような私たちが私たちを取り巻く社会に関して保持している外的記憶(社会的記憶)、とに区別する。

なぜ自らが直接経験しなかったことへの記憶を私たちが保持しているのかと言えば、それは私たちがそのなかで育てられ、そして生活を営んでいる社会(集団)との関係をとり結ぶ際に、幼児期に、そして成年期に、社会が既に所与のものとしていた記憶を、私たち自身の記憶として自らの中に取り込んでいるためである、というのがアルヴァクスの指摘である。

集合的記憶というのは、当然のことながらその記憶が特定の集団によって維持されている記憶、あるいは個人がそうした集団に所属することによって獲得する記憶のことである。その意味では、もちろん歴史も広い意味では集合的記憶の一部と考えてもよいと思われるが、アルヴァクスは集合的記憶を一般的な歴史とは区別する。その理由を、やや長い引用となるが、以下のように述べている。

「歴史的記憶という表現があまりうまくつくられたものでないことも明白である。というのは、その表現には、多くの点で対立する二つの項が結びついているからである。

歴史とはもちろん、人間の記憶の中で最も重大な位置を占めてきた事実の集合である。過去の出来事は、本で読まれたり、学校で教えられたり、学ばれたりして、選択され、比較され、分類されるのであるが、そうするための必要性なり規則なりは、生きている堆積物を長いこと保存してきた人々の集まりに絶対に認められることはなかった。それは、一般に歴史というのは、伝統が終わる地点からしか、つまり社会的記憶が消失するか分解する時点からしか、始まらないからである。

想い出が存在する限りは、それを書くことによって固定することも、純粋にまた単純に固定することも必要ない。だから一つの時代の、一つの社会の、あるいは一人の個人の歴史を書くという要求は、それが既に遠い過去の中に去ってしまい、それらについてなんらかの思い出を保持している多くの証人をなおしばらくは周りに見つけ出せる可能性がなくなった時にしか、湧き起こってはこないのである。

一連の出来事の記憶が、集団の支えを、つまり、これらの出来事に巻き込まれたり、それから影響を受けたり、それらを目撃したり、それらの出来事の最初の主役や見物人の生きた話を聞いた集団そのものの支えを、もはや持たなくなった時には、あるいはまた、そうした記憶が、幾人かの個人の心の中に散失してしまい、こうした事実とはまったくかかわりがないため、それらの事実にはもはや関心を示さないような新しい社会の中に、埋没してしまったりした時には、これらの想い出を救う唯一の方法は、それらを筋のとおった物語の形で書き留めておくことである。というのは、言葉や思考は消滅するが、書物は残るからである。記憶が存することの必要な条件は、それが個人であれ、集団であれ、思い出す主体が、連続して運動している彼の想い出にまで遡っているという意識を持つことにあるとすれば、歴史はどうして記憶であると言えようか。というのは、この歴史を読む社会と、歴史に盛り込まれている出来事のかつての証人や主役の集団との間には、断絶があるからである。」（同上書、八六〜七頁）

このように、ここでは集合的記憶（とりわけ時間的に限定された、もちろん引用文中にはそれほどはっきりとは述べられていないが地域的にも限定された）は、その記憶を支える特定の集団に依拠しているもの、つまりそうした集団の持続的存在によって維持されていくものである、とされている。これに対して、歴史は集団を超えた一般的なものとして、つまり記憶を維持する集団が消滅した後に出現するもの、とされている。

アルヴァクスによれば、集合的記憶と歴史の違いは、集合的記憶は、「連続的な思考の流れ、ある連続した流れであって、何ら人為的なものを持たず」「過去から、その記憶の中で、今なお生きているもののしか、あるいは、その記憶を保っている集団の中で生きているものしか、あるいは、その記憶を保っている集団の意識の中で生きているものしか保持しておらず」「そうした集団の限界を超えることはできない」のに対して、歴史は、「集団の外や集団の上に位置していて」「事実の流れの中に・・・単純な区分を導入し」「各時代を、（人為的に）それに先行した時代からも後続した時代からもほぼ独立した（切断された）、一つの全体として考察している」ものと考えられるからである。第二に、「空間においても、時間においても、有限な集団に支えられている」集合的記憶は、そうした集団が無数である以上、多様であるのに対して、集団の判断からは独立した歴史は、「出来事を相互に結びつけ」「過去の要約した姿を描写し」「独自で全体的なイメージを提示」するものだからである。

こうしたアルヴァクスの集合記憶論の一つの意味は、記憶が個人の経験したものにとどまらず、個人が育った地域の中に定着していた記憶、あるいは自分が所属する集団に共同化されていた記憶、といったものを合わせ複合的に構成されている、ということを論じた点にある。またもう一つの意味は、歴史があまりに一般化され、本来は歴史認識の出発点であった具体的な人々の日常的、現実的記憶との関連を失っていることに対して、歴史と個人的記憶の架橋として集団的な記憶という枠組みを結果的には提供した、という点にあるといってよいだろう。

第６節　記憶の他者性

アルヴァクスの議論は基本的には歴史を集合的記憶と区別したものであった。しかし、彼が提示した記憶の集合性という問題は、パラドキシカルなことにむしろ記憶と歴史の近似性という議論につながるものであった。

このことはこの本のテーマである歴史の個人性という問題とも関係する問題でもあるが、そのことは別のところで議論することとして、ここでは記憶が必ずしも個人的なものではないという議論、別の言い方をすれば記憶の他者性という問題にひとまずは議論を進めていこう。

記憶の他者性という問題は、片桐の著作では自己のアイデンティティの確認を他者の自己についての記憶に頼らざるを得ない記憶喪失者の例をとって説明されている。この問題は、私たちの幼児期の記憶を例にとったほうがわかりやすいかもしれない。たとえば私たちは、本来記憶しているはずのない幼児期についての記憶を有する。「いつも笑っている明るい赤ん坊であった」とか、「話し始めるのが遅くて親を心配させた」といったような記憶である。

もちろんこうした記憶は私たちが直接保有していたものではなく（言語能力の獲得以前に、どのようにして記憶を言語化されたものとして保持していくことが可能なのだろうか）、他者が私たちについて有していた記憶が、言語能力を獲得した後に私たちに伝えられ、そうした言語としてコード化されたものを、私たちが自らの記憶として保持しているということでしかない。

同じようなことは少年期についての記憶に関しても言える。少年期についての記憶において大きな役割を果たしているのは、自己による自己認識ではなく、他者による自己についての記憶だろう。「あの時」親や、先生や、友人が、自分がどのような人間であるかを語ったことは、まさにトラウマとして私たちの自己についての記憶の重要な部分を構成している。たとえそうした記憶を除去したとしても、久し振りに同窓会などで先生や友人に会えば、自己についての過去の他者の記憶が、再び自己の記憶として刻印されていくことになる。

記憶の他者性は、別に幼児期や少年期にかかわることだけではなく、私たちの日常生活に一般的なことである。たとえ数日前のことであっても、私たちは日常的な出会いの中で、他者との記憶の違いに気づかされる。共通して経験したはずの出来事についての記憶は、他者と自己では異なる。「そうだったっけ」「そうだったよ」「ああそうだったな」というやりとりをとおして、さしあたっての記憶（しかし、そこで共通のものとして思い出された記憶が、過去の事実と一致したものであるかは定かではないが）を、都合のよい、相互的なものとして私たちは作り出している。

本来自己によって想起された、自己にかかわる限定的なものでしかないはずの記憶にある二つの意味での他者性、つまり上述のように、他者が想起したものが自己に記憶化されるということと、アルヴァクスが論じているような外的記憶、つまり他者に関わるものが記憶されているということを確認するならば、その時に当然生じてくるのは、議論をもとに戻すことになるが、記憶の共同性という問題だということになる。

またここまでの議論で前提としてきたように、もし私たちのアイデンティティが記憶によって維持されているのなら、アイデンティティにとっては、他者や共同的なものが、重要な役割を果たすということになる。そして既に重ねて議論してきたように、記憶にせよ、あるいは歴史にせよ、それらを基本的に組み立てているのは言語なのである。

第７節　言語の対他者性・共同性

このようにもし自己のアイデンティティが記憶によって支えられ、そしてその記憶が言語によって構成されているものなら、自己のアイデンティティを意味づけるものは自己の中には存在していないことになる。というのは、言語自体はコミュニケーションの媒体であるという性格からして、きわめて対他者的な、共同的なものであるからである。

そうした言語の対他者的、共同的な性格を指摘した議論の一つが、シンボリック相互作用論（象徴的相互作用論とも訳されている）と言われるものである。この言葉を最初に明確なかたちでもちいたのは、アメリカの社会学者のブルーマーであったとされるが、その理論的基礎は、議論はあるものの、「自我」（self）と「精神」（mind）の問題を論じたアメリカの哲学者であるミードによって築かれたとされることが多い。

この議論の基礎に置かれているのは、その言葉が明確に示しているように、シンボルをもちいた相互的なコミュニケーションの問題である。普通動物が同種間で、あるいは異種間で、どのようなことをとおしてコミュニケーションを行っているかと言えば、それは身振りや唸り声、叫び声といったものをとおしてである。そうした身振りや音声は他者の行為を指示する。しかし、ここで重要なのは、身振りや音声は同時に他者もまたもちいるものであり、他者がそれらをもちいた場合は、逆に自己を指示するものともなる、ということである。このことは逆の観点から言えば、動物は身振りや音声による指示を受けて行動をし、その指示の形態（つまり象徴）を模倣（習得）し、今度は逆に他者にそれを振り向けることによって他者の行動を指示する、ということでもある。つまり身振りや音声というシンボル（象徴）は、相互的なものであり、意味（指示内容）が共同化されている。

こうした音声的なものが発展し、現在では多くの場合は文字を伴う整序化された構造をもつにいたったものが言語である。その意味では言語も当然のことながら上述のような相互性によって形成された象徴である。それ自体としては、言語は共同性に依拠する。ここで重要なことは、そうした共同的なものに、最初に述べた言い方をもちいれば対他者的な、共同的なものにもとづいて、人間は自らの思考を組み立てていることである。

たとえば人間が自らは何ものであるかとか、何のために自分は生きているのかということを自省する時、唸り声や叫び声をとおしてそうした行為を行なうわけではない。他人とのコミュニケーションが可能な、つまり本来はコミュニカティヴな言語をもちいて自省している。よくよく考えてみればわかるように、私たちは他者と実際の対話を行なう時間よりも、自らの内面と対話をしている時間の方が実際には圧倒的に長い。しかし、その際にもちいられるのは、自閉的なものではなく、常に対他者性をもつ言語である。私たちは自らの精神の中に他者を作り出し、それとの言語をとおした対話を通じて自らのアイデンティティを確立している。

このことからもわかるように、アイデンティティはけっして孤独な個人によって支えられているわけではない。言語もその一つであるが、同一の象徴を共有する集団への帰属、あるいはそういう集団を形成することによって支えられている。同一の象徴を共有する人々によってメンバーシップが形成され、逆に集団が共通のものとして保持している象徴を自己のリソースとして参照することをとおして、私たちは自らのアイデンティティを確立している。またここで問題となることは、そうした象徴や集団を、私たちがいわゆるボランタリーな、あるいはアソシアティヴなかたちで自発的に形成する場合もないわけではないが、多くの場合は象徴や集団は、個よりも先行的に存在していることである。

言語はその典型的な例である。私たちがもちいている言語、今ここではそれは日本語だが、それは私たちが生まれる以前から先行して存在していた。たまたま今は日本と呼ばれる場所に、たまたま日本人を両親として生まれたために、私たちは成長の過程でそれを保持するようになっている。言い換えれば、私という個人が日本という場で社会化されていく過程で、私は先行的に存在していた日本語を獲得した（させられた）ということなのである。

いまここで日本語（象徴）と日本人（集団）という例をもちいたが、そうした大きな集団ばかりでなく、当然のことながら私たちにとって最も基本的な単位である家族も、個人としての私たちに先行して存在しているものである。家族がもちいている様々な象徴もまた、その多くが個人としての私たちに先行して存在している。これをさらに発展させた親族とか、家系という集団、あるいは地域の共同体といった集団もまた、その多くは私たちにとって見れば私たちよりも先行して存在してきたものだし、先行した象徴によって維持されてきたものである。

もちろん象徴や集団を自らが作り出し、アイデンティティを自立的なものとして作り出すことは不可能ではないし、ある意味では望ましいことかも知れない。しかし、だからといって新しい言語を作り出すことは可能であろうか。新しい国家を作り出すことは可能であっても、（たとえば革命によって）新しい民族を作り出すことはけっして容易なことではない。実はそのことが国家とか民族とかがなぜアイデンティティの根拠を提供しているのか、ということの大きな理由である。

本来は言語という象徴が作り出した、その意味では虚構でしかないものが私たちのアイデンティティの根拠となっているということの理由は、私たちの実存の根拠として不可欠な言語の対他者性とか共同性という問題と深く関わっている。

第8節　実在を構築するもの

このような考え方をさらに発展させて、他者とのコミュニケーションにおいて文化的に利用可能な言説から、われわれのアイデンティティは構築されるという立場を明確に論じている議論が、社会構築主義と言われるものである。そうした社会構築主義の主張を、社会学的な視点から、私たちの日常的世界との関係から論じた著作が、バーガー、ルックマンの『実在の社会的構築』（*The Social Construction of Reality*—邦訳書名は『日常世界の構成』）である。

邦訳書名を含めた書名からもわかるように、彼らは、実在は人間が社会的慣行を通じて共同的に生み出し、維持しているものだと主張した。バーガーとルックマンは、あたかもそれがまえもって存在している固定的なものであるかのように見えるものも、それ自体としては人々がまずもって作り出し、なんらかのかたちで表現し（外在化）、それが社会的領域で独自の役割を持つようになり（客体化）、そしてそれが再度人々の中に真理とか、常識として受け入れられるようになる（内在化）ことをとおして、それが前もって存在していた真理であるかのように扱われているのでは、として、真理とされているものの相対性を論じたのである。

しかし、バーガーとルックマンの著作がこれまで議論されてきたこととの関係で重要なことは、アイデンティティを人々の日常的意識の中にある常識的な意識に関連付けて説明していることである。既にふれたように、私たちのアイデンティティにとって最も重要な役割を果たしているものは、言語である。「ことばは私の主観性を私の話し相手に対してだけではなく、私自身に対しても（より現実的）なものにする」ものであり、言葉をもちいることをとおして人間は、他人に対してはもちろんのこと、自らに対しても自己を説明しているからである。

くわえて重要なことは、「結局は日常生活の常識的な現実の中に始まりを持っている」言葉には、「〈こことといま〉を超越する力があり」、「日常生活の現実の中にあるさまざまに異なった領域を架橋し、それを一つの意味ある全体に統合する」ことができ、また言葉をもちいることによって、私たちは「操作可能な領域と他者のそれとの間の隔たりを超越することができ」「私の生活歴の時間的機序を他者のそれと同時化でき」さらにまた「対面的状況において直接出会っているのではない個人や集団について、他者と話し合うこともできる」ということである。

バーガーとルックマンは、こうした言葉のもつ超越的な力と、統合的な力が、私たちにとってきわめて大きな意味をもつことを指摘する。それは言葉こそが、時間的には現在的なものとしては存在しない過去や未来、あるいは日常的なものとはかけ離れた世界を、私たちの認識の中に現実化する役割を果たすからである。

「ことばは空間的、時間的、そして社会的に〈ここ、そしていま〉存在しないさまざまな対象を〈現前化〉することができる。・・・こうして、経験と意味の厖大な蓄積は、事実上、〈こことといま〉のなかに客観化することができるようになる。簡単にいえば、全世界は言葉を用いることによっていつ、いかなる時点においても実現され得る、ということだ。ことばがもつ超越性と統合力というこの力は、私が実際に他の人々と話し合っていない場合でも、保存されている。ひとりもの想いにふけって〈自分自身に語りかけている〉ような場合ですら、ことばを通じての客観化によって、世界の全体はいついかなる瞬間においても私の目の前にあらわれうるのである。社会関係についていえば、ことばは物理的にいまここにいない仲間を私に〈現前化〉させてくれるだけでなく、記憶とか再構成された過去のなかでの友人や、想像上の人物として未来に投射された友人をも、〈現前化〉させてくれる」（前掲書、六八頁）からである。

このように、日常的なものとして生まれた言葉は、日常性を越え、日常的なものとしては本来的には認識されないはずの時間的、空間的領域を、それがあたかも日常生活の現実であるかのように人々に認識させる役割を果たしている。バーガーとルックマンはこうした過程を前述の引用に続く部分で、

「ことばは日常生活の経験にとって実際上のみならず、ア・プリオリにも近づき得ない諸領域にまで、その勢力圏を広げてゆくことになる。ことばはいまや別世界からやってきた巨人のように、日常生活の現実の上に聳立するかにみえる象徴的表象の巨大な建物を構成する。宗教、哲学、芸術、それに科学などは、歴史的にみて最も重要なこの種の象徴体系である。これらの体系は、その構造の要請することにしたがって、日常生活の経験から最も遠く隔たったところにあるにかかわらず、それらを枚挙するということ自体が、すでにそれら日常生活の現実にとって実際に重要極まりないものであるということを示している。ことばは日常経験から高度に抽象化されたさまざまな象徴を構成する能力があるばかりでなく、これらの象徴を日常生活のなかに〈還元〉し、日常生活における客観的に現実的な要素としてそれらを提示する力をもっている。こうして、象徴の使用と象徴的言語とは、日常生活の現実とこの現実

の常識的理解の基本的な構成要素となる。私は記号と象徴の世界のなかで毎日を生きているのである」（同、六九〜七〇頁）

と論じている。

第9節　日常性とアイデンティティ

私たちのアイデンティティを作り出しているのは、こうした本来は日常的なものであった言語をとおして象徴化され、また共同化されたものである。それは、「幾人かの人間が同じような経歴を共有する場合には、間主観的な沈殿化が起こり、そうした経歴の経験は共通の知識在庫のなかに統合されるようになる。間主観的な沈殿化は、それがあるなんらかの形の記号体系に対象化されるようになったとき、つまり共有された経験を反復して客観化できるという可能性が生じたときにのみ、はじめて真の意味で社会的であるということができる。このときはじめて、これらの経験が一つの世界から次の世代へ、そして一つの集団からもう一つの集団へ、受け継がれるという可能性が生まれる。

客観的に通用しうる記号体系は、沈殿化した経験を最初の具体的な個人の経歴の文脈から切り離し、それらを当の記号体系を共有する、あるいは将来共有するかも知れない、すべての人びとに一般的に接近可能なものとすることによって、これらの経験に萌芽的な匿名性という地位を与える。さまざまな経験は、こうして容易に伝承可能なものになる」（同、一一六〜七頁）

からであり、また、

「象徴的世界は歴史をも整序する。それは集団のすべての出来事を過去・現在・未来を包摂する一つのまとまりをもった統一性のなかに位置づける。過去に関しては、それは集団のなかに社会化されたすべての個人によって共有されている〈記憶〉を甦らせる。未来に関しては、それは個人の行為の投企に対して、一つの共通の準拠枠組を設定する。このように象徴的世界は人間をその先行者と後続者に一つの意味ある全体性のなかで結びつけ、そのことによって、個人の存在の有限性をのり越えるとともに、個人の死に意味を与えるというはたらきをする。社会のすべての成員は、いまや彼らが存在する以前からそこに存在し、彼らの死後もまたそこに存在しつづけるであろう、一つの意味ある世界に所属するものとして自分たちを理解することができるようになる」（同、一七四〜五頁）

からなのである。

やや引用が長いが、要約すれば以上のような議論をとおしてバーガーとルックマンが主張していることは、繰り返すことになるが、本来は日常的なものとしてもちいられている言葉には日常性を超える象徴や記号体系を生み出す力があり、またそのように言葉によって作り出された象徴や記号体系が間主観的なものとして人々の間に共通したものとして沈殿化し、人々のアイデンティティを作り出している、ということである。

またそうしたアイデンティティは、最後の引用にも示されているように、時間の流れが前提されている。つまり「死後も存在し続けるであろう」という世界との関わりの中から、ここではアイデンティティの意味が語られている。自己の死という感覚もまたその一つのものであるが、私たちの日常生活の基本的な要素を構成しているものは、時間が流れるものであるということへの自覚である。バーガーとルックマンはこれを「日常生活の時間構造」と呼び、私たちの意識の基本的属性を構成していると論じたのである。

ここでは、時間の流れ、過去―現在―未来という過程の中に生きているという私たちがもつ常識的な日常的感覚こそが、象徴、記号体系としての過去（そして未来）を作り出し、それに自己を投射することをとおして死を含めた自らの生を意味づけており、私たちのアイデンティティを形成するものとなっていると語られている。「歴史」への認識が私たちのアイデンティティと関わりをもつのは、平凡な日常的な時間感覚を拡延した、より幅広い時間感覚を私たちが言葉を通して獲得しているからであり、そのうち過去にかかわる部分が、私たちが「歴史」と呼んでいるものだと彼らは主張する。

またバーガーとルックマンが指摘したことでもう一つの重要なことは、こうしたアイデンティティのもつ社会的性格である。

「自我の形成はたえず進行していく身体の発達と、自然的環境と社会的環境が意味ある他者によって媒介される社会的過程との、双方との関係によって理解されなければならない。自我にとっての発生学的諸前提は、いうまでもなく出生時に与えられている。しかしながら、成長するにつれて主観的にも客観的にも認知可能なアイデンティティとして経験される自我は、決して出生時に与えられるものではない。身体の完成を規定するこの社会的過程は、同時にまたその自我をその特定の、文化的に相対的な形で、生み出すのである。社会的産物としての自我の特徴は、個人が自己自身として自らを現認する〔たとえば人が自分自身を〈一人の男〉として、しかもこうしたアイデンティティが当の文化のなかで規定され、形成されるような、ある特定の仕方によって、自己を現認する〕特定の社会状況とのみ関係するだけではない。それは同時にまた、特定の社会状況に追加条件として作用する包括的な心理的装置〔たとえば〈男らしい〉感情、態度、それに場合によっては肉体的反応〕とも関係する。それゆえ、身体についてはもちろんのこと、さらにそれ以上に、自我は、それらが形づくられる特定の社会的文脈を離れては正しく理解できないことはいうまでもない」（同、八七頁）という指摘に端的に示されるように、バーガーとルックマンは、人間のアイデンティティは人間の本来的に備わっている肉体的、心理的特性ではなく、人間が自己形成をとげて行く過程の中で、つまり人間が人間を取り囲む社会との関わりを日常的に結んでいく中で、その社会との相互関係をとおして構築されていくものであることを指摘している。

第10節　構築されたものの相対性

相互的なものとしてもちいられている言語が、結局は対象として認識される社会を構築し、また私たちのアイデンティティもかたちづくっているとする考えは、『社会的構築主義への招待』という著作を書いたヴィヴィアン・バーによっても論じられている。

バーによればこうした考えは、「われわれの経験と自己認識の構造化は・・・物語り形式という特定の形式」をとるとしたサービン、あるいは「歴史的社会心理学」の立場から、アイデンティティを社会的、歴史的文脈の中から捉えようとしたＫ・Ｊ・ガーゲンらによって、決定論的な社会心理学を批判する流れへと発展したとされている。

そこで主張されたことの一つは、既に指摘したようなアイデンティティの他者性ということである。バーはそのことをサービンやガーゲンの主張を借りてこう述べている。

「個人的生活でもまた、われわれ自身の活動を越えて、われわれの自己―物語は十分に含意をもつ。サービンとガーゲンたちは、自分自身について構築する物語が、単に私的な事柄でないことを認める。われわれのストーリーの構築に当たって、われわれは共演者たちの積極的な意欲に大いに依存している。われわれが物語的説明を通じて、自分のアイデンティティを、自分が何者かの見方を構築する、その限りにおいて、われわれのストーリーは、われわれの説明で重要な役割を演ずる他の人々のそれらと一致しなくてはならない。・・・

われわれは、出来事の自分のヴァージョンでの自分自身を支えてくれる他者の積極的意欲に、自分のアイデンティティを頼っているのである。物語は、社会的な容認と協議に支配されているのだ。」（前掲書、二〇九頁）

またバーは、

「世界のわれわれの理解の仕方は、客観的実在から生まれてくるのでなく、過去と現在の、他の人々から生まれてくる。われわれは世界に生まれ出るのだが、その世界は、われわれの文化の中で人びとの使っている概念的枠組やカテゴリーがすでに存在する世界なのだ。それらの概念やカテゴリーは、すべての人びとが言語の使用能力を発達させるにつれて獲得するものであり、それゆえ文化と言語を共有する誰しもが毎日再生するものである。このことは、人びとの考え方、彼らに意味の枠組を与えるそのカテゴリーや概念、それらが、彼らの使う言語によって与えられることを意味する。したがって言語は、われわれの知っているような思考にとっての、必要な前提条件なのだ。・・・人々のあいだの日常的相互作用にスポットライトを当てて、それらを、われわれが自明視する知識の諸形態とそれらに付随する社会現象をさかんに生み出すものとして見ることにより、次のことが導かれてくる。すなわち、言語もまた、単にわれわれ自身を表現する手段以上のものであるに違いないのである。人びとが互いに話し合うとき、世界は構築される」（同、一〇～一一頁）

といった主張にも示されるように、これもまた既に論じたような、私たちにアイデンティティを付与するものが先行的なものとして存在するものであることを提示している。

しかし、ここで論じてきたことにとってのバーの議論の意味は、

「社会構築主義の・・・（理論的）枠組内では、世界についてのある観念や考え方が正しく、他が誤っていると言うことは、きわめて困難である。また言説と『実在』との関係を概念化することも、むずかしい。極端な相対主義の立場では、言説の中に存在するもの以外、何も存在しない。すなわち、事物のもつ唯一の実在は、象徴的な言語の領域で与えられる実在であると主張することになると思われる。・・・それぞれの言説の主張は、ただお互いに相対的で、『実在』と比べて真とも偽とも言えない」（同、一三二、九四頁）

という主張にみられるように、構築されたものとしての真理や実在は、当然のことながら論理的には「相対的な」ものとならざるを得ない、という立場に立っていることだろう。もちろん基本的には言語をとおして構築されたものであるアイデンティティもまた相対的なものとされる。

バーガーとルックマンの考えとも重なる論点の引用を重ねたが、バーのこの考えを歴史に敷衍すれば、その結論は明白なものだろう。たとえ私たちが生まれてきた世界が所与のものであっても、それはそれ自体としては実体性のない言語によって構築されたものであり、アイデンティティもまた言語的構築物であるのなら、過去・現在・未来という長期的なパースペクティヴから世界を論じ、アイデンティティを支えるものとされてきた歴史もまた相対的なものとならざるを得ないということである。

第11節　身体的記憶

以上記憶には制作され、物語られるという側面のあること、そしてしばしば個人的なものと考えられがちな記憶は他者と関わる集合性や共同性を持つこと、その際に言語をはじめとしたコミュニケーションの媒体となる記号や象徴が重要な役割を果たしていることを、そして何よりも記憶はアイデンティティと深くかかわるものであることを、大森や野家の議論を紹介するかたちで哲学的な側面から、あるいは片桐の議論を参考としながら社会学や社会心理学の流れをふまえて説明してみた。

行論上やや言語と記憶の関連性に議論が偏ったところがあるが、もちろん記憶は言語のみによって規定されているわけではない。そのことは日常的な動作について考えれば容易に理解できる。日常的動作は、言語による指示を受けるまでもなく、習慣的に行われている。

動作がどのように遂行されるかを定めているのが身体化された記憶であることは、歩行でも、自転車運転でも、水泳でも、何らかの運動をすれば容易に理解できる。というより運動に限らず、食事をはじめとした日常的所作の多くは、身体的記憶をとおして行われる。何を食べるのかを選択するのは精神的な行為であるが、具体的な食事という行為はその多くが身体的記憶によって行われている。

基本的には記憶は、身体的記憶と精神的記憶に分けることができる。前者は、神経回路や脳細胞による作用を重視するもので、一九世紀以降はしばしば心理学などをとおして物理的（医学・生物学などを含む）な分析の対象ともされてきた。後者ももちろん厳密には神経回路や脳細胞の働きによるものだが、同時にここまで論じてきたように、哲学や社会学といった人文学的なアプローチの対象にされている。しかし、記憶を論じる場合、両者を完全に切り離して論じるべきではないだろう。そうした立場から社会的な記憶を身体的な記憶に結びつけるかたちで論じているのが、『社会はいかに記憶するか』を書いたポール・コナトンである。

コナトンは議論の前提として、記憶を「記憶全般」と「社会の記憶」に分けている。記憶全般とは、「現在の世界は、その時々にたまたま関連づけられた過去の出来事や事象とのコンテクスト、つまり、その時点のものではない出来事や事象への参照というコンテクストにおいて経験される。そして、人は自己の現在を、その現在と結びつけることのできる別々の過去に従って、それぞれ違ったふうに経験していく」（前掲書、二〜三頁）というように、過去についての知識にもとづくものであるとはいえ、個人によって差異のあるものである。

対して社会の記憶とは、

「どんな社会秩序であれ、それに従う者たちが記憶の共有を前提条件とすることは暗黙のルールである。社会の過去について、人々の記憶が分かれてしまうと、その部分について社会のメンバーは経験や

仮定を共有することはできない」（同、四頁）

というように、人々が意識的にせよ、無意識的にせよ、社会を構成するために必要に応じて生み出すものである。

どちらにしても読み取れることは、記憶は社会的なものであり、社会が記憶をいかに統御するかが重要であるとコナトンが考えていることである。ここからコナトンは、とりわけ身体的記憶の重要性を歴史的な例を取りながら論じている。身体的記憶は既に指摘したように日常的にみられるものであるが、歴史的事例に即して言えば身体的記憶は社会の変化に応じて作り出されるものである。

コナトンはその例としてフランス革命によって衣服のスタイルが大きく変化したことなどを挙げる。このことは明治維新を例にとれば、あるいは第二次世界大戦後を例にとっても、日本人には理解しやすい。明治維新は髪型、衣服、日常的な様々な習慣を変化させた。そのことは身体化された記憶によって推進された。同じことは戦後期の日本についても言いうる。なぜなら社会変化を受け取るかたちで身体に記憶されたものが、人々の所作を指示し、そうしたなかで形成された合意が、社会全体のあり方をさらに形成しているからである。

身体的記憶の形成にあたって、とりわけその社会化にあたって、あるいは共同化にあたってと言ってもよいと思うが、重要な役割を果たすものとしてコナトンが挙げるのが、政治的に主導されることも多い記念式典や多くの宗教にみられる儀礼である。ここで重要なのは、記念式典や儀礼が、身体の動きを伴うかたちで行われ、そしてそのような行為をとおして身体化された記憶が、共同化された成員の社会的行為を指示するものとなることである。

さらにコナトンが身体的記憶の重要なあり方として挙げるのが、記念式典や儀礼のようなともすれば支配的な社会層の意識的な指示にもとづくものではない、またしばしば公的な制度化を伴うものではない、身体実践である。たとえば日常的な姿勢や振る舞い、ジェスチャー、マナーである。これらは社会的なコミュニケーションの手段として行われる。

なぜなら人々は、どのような所作を行えば他者に対して自らの意志を伝えることができるかを理解しているからである。あるいは他者の了解を得られるかを理解しているからである。もちろんそうした所作は意識的にも行われるが、同時に無意識的に、身体的な記憶にもとづいても行われているとすることもできる。

この節の最初にも簡単に論じたように、私たちが身体的な記憶をもつことは確かである。それが全面的に無意識的なものか、あるいはある程度意識的に制御されるものであるかはなお議論が必要だが、コナトンの指摘するようにそうした記憶が社会的な要素を含むものであることもまた確かなことだろう。

コナトンの議論で着目してよいのは、過去についての記憶を媒体とした行為の指示ということに関して、その多くがテクストを媒体として伝えられ、その点で明確な意図を含む歴史だけがそうした役割を果たしているわけではないという指摘である。ふだん着目することの少ない日常的な所作もまた過去の記憶を媒体として、身体的な記憶にもとづき行われている。

この点からも理解できるように、コナトンが記憶の社会性を論じた理由の一つは、歴史のあり方への疑問からである。

「『彼ら（歴史家）は証拠の明らかな主張を否定し、代わりに事件についての自分自身の解釈を取り入れることもできる。また仮に先行の説の主張を受け入れたとしても、それはその説の存在を認め、権威として受け入れたのではなく、たまたまその歴史家の歴史的真実の基準に適うという理由による。歴史家は自己以外の権威に頼ることは一切なく、歴史家の思考がそのままその説となる。歴史家の権威とは自己自身にほかならない。証拠の吟味の基準を彼らが握るという意味において、彼らの思考は自らの証拠に対して自主権をもつ』（というコリングウッドの主張を引用するかたちで）歴史の再構築は社会の記憶に左右されることはない」（同、一二三〜四頁）と論じているように、主として証拠に依拠するかたちで客観的な事実性を主張するが、実際には歴史家によるきわめて主観的な、構築的な判断が介在する歴史への疑問である。

そうした歴史は、人々の日常的な過去との関わりをその射程から除外してきた。しかし、この章で様々な議論を例示しながら論じてきたように、記憶は過去認識の重要な形態である。個人的なものであると同時に社会的なものである。そうした記憶の社会性という問題を、記念式典といったコメモレーション行為、あるいは身体の実践というテーマから論じたという点で、コナトンの議論は示唆するところが少なくない。また重要なテーマとして近年関心を集めるようになっている身体からの歴史へのアプローチの一つのあり方として、取り上げられてよい議論である。

第12節　文化的記憶

また記憶の問題を論じるにあたって欠かせないのは、記憶の歴史的な、社会的なあり方について、とりわけ文学的叙述の分析をとおして考察し、記憶論に新しい分析角度である「文化的記憶」（cultural memory）論を導入したヤン・アスマン、アライダ・アスマン夫妻の議論である。ここではその代表的な著作で邦訳も刊行されているアライダ・アスマンの『想起の空間』をたどりながら、その議論を紹介しておきたい。

アライダ・アスマンもまた記憶の社会性・共同性に着目する。記憶は本来的に個人的なものであったとしても、そういうかたちでは維持されてはいないというのがアスマンの議論の基本である。人は自らが経験したことを記憶する。それが経験記憶である。それだけなら、経験した個人の死とともに記憶もまた消滅する。しかし、一部ではあるが記憶は別の記憶へと移し変えられ、そのことによってより長期的に保存される。それをアスマンは「コミュニケーション記憶」と「文化的記憶」に分類する。

コミュニケーション記憶というのは、直接コミュニケーションが可能な人々の間に伝えられる記憶、通常は三世代程度の間で口承などによって伝えられる記憶である。一方で文化的記憶は、より確実なメディアによって長期にわたって伝えられ、保存される記憶である。アスマンの規定にしたがえば、「記念碑や記念の場所、美術館やアーカイヴといった物質的媒体によって支えられている」記憶であり、「自然に生成することはありえない・・・メディアと政治に依存している」記憶である。もちろん文書もまたこうした記憶を保存し、伝達するもっとも有効な手段の一つである。

この考えは既に紹介したアルヴァクスの集合記憶論を基本的には継承するものである。しかし、アスマンは、

『集団の中に記憶』があるということに対しては誰も異議を唱えない。しかしながら、『集団による

記憶』というようなものがありうるのだろか。集団の記憶には有機的な基盤がないので、そのような記憶は文字どおりの意味では考えられない。・・・すべての歴史記述は同時に記憶の作業でもあり、意味付与、党派性、アイデンティティの確立という諸条件と避け難く絡まり合っていることについて、今日では意見の一致が見られるからだ。・・・歴史と記憶を著しく対極化することは、両者を完全に同一化することと同様に、満足のいくものではないように思われる」（前掲書、一六一、一六三頁）と主張し、アルヴァクスのように記憶と歴史を明確に区分することを批判する。

こうした視点に立ってアスマンは、記憶を「機能的記憶」と「蓄積的記憶」とに分類する。機能的記憶とは、特定の目的に役立てられるために任意に選別され利用される記憶のことである。これに対して蓄積的記憶は、起きたことの記憶がただ無秩序に累積されているものである。「無定形な集塊、使用されず融合されていない思い出の暈」である。

なぜアスマンがこのような整理をしているのかは理解しやすい。つまりアスマンは、記憶が残されているということと、それが想起されるということを、やや次元の異なるものと捉えている。そして想起は、記憶からあるものを選択し、別のものを忘却するということ、つまりきわめて構築的な要素を含むと考えている。このことをアスマンは ars（技）と vis（力）という言葉で歴史的な事例をとって説明する。「技」というのは記憶術のように、記憶の蓄積を目的とするもの、「力」というのは時間を経てそれを何らかの目的のために想起することである。

記憶が蓄積され、想起において選択されるとするアスマンの議論で、もう一つ興味深いことは、時代から時代に、さらには異なる場へと、記憶が移されるということを論じていることである。記憶が時間的、空間的に移動するためには何らかの媒体が必要である。具体的には文字、イメージ、身体、さらには場所がその媒体としてアスマンが挙げるものである。

またアスマンは、これまで紹介してきた多くの記憶論者と同様に、過去の記憶をとどめる媒体に人々がなぜそれほど関心を寄せたということを、個々に限りある生の死後の延長を望むという志向が、様々な媒体をとおしての個々人の行為の記憶化への関心を生み出していたからだと主張する。そうした志向は、記憶を想起する集団の存在を求める。集団による記憶の保全は、そのことによって生み出されたというのがアスマンの指摘である。

死後における自己の名声の保持への期待が、記憶を様々な媒体に固定化していくことの動機であり、またそれが記憶を保持する集団の存在によって支えられたという議論は、多くの例が引用されているようにきわめて妥当なものだろう。受け入れやすい議論である。そしてそうした意図を含む記憶は、とりわけ想起においては構築的なものであり、時間を隔てた想起である歴史にもそうした構築性があるとする議論は、歴史の問題を考えるうえで参考にしてよいものである。

またアスマンの議論の新しさは、デジタライゼーションの進行に伴う情報の過多をふまえて、記憶に生じた新しい問題を指摘していることである。それは以下のようなことになる。インターネットの世界にあるのは、アスマンの言葉を借りれば蓄積的記憶の過多である。そのそれぞれを結びつけるのはきわめて困難な情報が、ネット世界には溢れている。そしてそれが蓄積されている。膨大な情報の上に、膨大な情報が日々重ねられている。

それらは、過去の出来事が記録としては保存されているという意味で、文字通り蓄積的記憶である。

しかし、それらはかつて歴史家が行っていたようには、整序化されえない。歴史家が過去を整序化しえたのは、これらと比較すれば蓄積された記録がはるかに乏しく、またその整序化を求める単位がたとえば国家のようにある種のまとまりをもったものであったからである。

アスマンの指摘を借りるまでもなく、デジタライゼーションは旧来の枠組みを大きく後退させている。確かに私たちはネットを参照しているとそのことに気づく。かつては記念建造物や書物あるいは口承などの限られた手段によって限定的なかたちで伝えられていた記憶は、いまや膨大な記録装置であるネット空間にとどめられるようになった。そのことは、歴史と記憶の問題に無視することのできない問題を引き起こしている。まさにポストモダンの時代に生じた問題だろう。

第13節　記憶の場

記憶をめぐる議論が予想外の長さになった。歴史学的な歴史理論との関わりから論じられることの少ない論者（この章で紹介された多くの論者は、専門的、実際的歴史研究者ではない）を取り上げたため、また個々の論者の主張の紹介に深入りした部分もあって、問題が「歴史」からややそれた部分があったかもしれない。では歴史研究者は、記憶と歴史の関係をどのように論じているのだろうか。その一つの例として、近年大きな話題となったピエール・ノラの議論を、最後に取り上げよう。

ピエール・ノラは『記憶の場』の編集者として世界的に知られている。この論集は「大きな物語」の衰退、あるいはそればかりではなく現在の社会にあっては、家族すらもが求心性を失ったことに呼応したものとされる。

「教会、学校、家族、国家などは、価値の保持と伝達を保証する、記憶と一体化した共同体であったが、それらは終焉を迎えた。また、過去から未来への規則正しい移行を保証し、未来を準備するためには過去の何を覚えておくべきかを指示していたような記憶と一体化したイデオロギー（反動的であれ、進歩的であれ、革命的でさえあれ）も終焉を迎えた」（一巻三〇頁）

という立場に立つ議論の提示である。

ノラの論集が大きな関心を集めたのは、それが現代のフランスの歴史研究者による「フランス」を対象とした研究を大規模に集積した論集であったことにもあったが、それ以上に大きな理由は、歴史家の論稿を多く集めたこの論集が、「歴史」ではなく、「記憶」をそのタイトルとしてもちいたことにあったといってよいだろう。なぜノラが「記憶」を前景化したのかというと、その根拠は記憶と歴史を対比的に論じたアルヴァクスの主張に遡ることができる。

既に紹介したようにアルヴァクスは、記憶をその記憶を支える個人や特定の集団に依拠するもの、つまりそうした個人や集団の持続的存在によって維持されていくものであるとし、これに対して、歴史は個人や集団を超えた一般的なものとして、つまり記憶を維持する個人や集団が消滅した後に出現するものと捉えた。ここから歴史は、個人、あるいは記憶の単位となるような個別的な集団の外や集団の上に位置する包括性をもつもの、あるいは時間的な継続性をもつものとされた。

記憶と歴史の関係について、ノラもまたこのように述べている。

「記憶と歴史。この二語は同義どころか、あらゆる点で相反するということを意識しよう。記憶とは生命であり、生ける集団によって担われる。記憶はたえず変化し、想起と忘却を繰り返す。・・・他方、歴史とは、つねに問題をはらみまた不完全ではあるが、もはや存在しないものの再構成である。記憶は、いつでも現在的な現象であり、永遠に現在形で生きられる絆である。それに対して、歴史とは、過去の再現〈表象〉である。・・・記憶はありとあらゆる転移や隠蔽や検閲や投影に敏感である。歴史は知性にもとづいた、聖性を奪う作業であるため、分析と批判的言説を必要とする。・・・記憶は、それによって強く結びつけられている集団から湧き出るものである。すなわち社会学者のアルヴァクスが述べたように、集団の数だけ記憶があるともいえる。記憶はもともと、多様で、強大で、集合的で、複数でありまた個別である。一方、歴史はすべての者に属するがまた誰のものでもなく、それゆえに普遍的となる使命をもつ。記憶は、具体的なもの、すなわち空間、動作、図像、事物などのなかに根づく。歴史は、事物の時間的な連続や変化や関係などにしかこだわらない。記憶は絶対であるのに対し、歴史は相対しか知らない。」(同、三一～三二頁)

この文章からも読み取れるように、ノラはアルヴァクスと同様に、基本的には記憶を具体的な個人や集団によって様々なものとして維持されるもの、歴史はそうした個人や集団が消滅した後に、過去をより長期的なものとして保存する普遍的なものとして登場するとしている。その意味では近代歴史学の誕生は、基本的には記憶を後景化し、国民を単位とした、かつ学問的とされる歴史を前景化するものであったとノラも考えているのだろう。

しかし、ノラはこの過程で記憶はフランスでは必ずしもそのようなかたちで捨象はされなかったと論じる。

「記憶の伝統は、歴史学を通じて、また国民をめぐって受け継がれ、それが第三共和政下に統括され、結晶化した。・・・チエリ（の著作―一八二七）からセニョボス（の著作―一九三三）にいたる時期のことである。その時、歴史学、記憶、国民という三つの要素は、たんなる自然な循環にとどまらず、相互補完的な循環性をもつにいたり、また、学術においても教育においても、理論面でも実践面でも、あらゆるレヴェルで結びつくにいたった」（同、三四頁）

からである。フランスでは二〇世紀前半のかなりの時期まで、歴史学、国民、記憶には一体性があったという指摘である。

しかし、一体性は一九三〇年代には失われたとノラは主張する。「国民＝国家という組み合わせが、社会＝国家という組み合わせに徐々に取って代わられ」「歴史学が・・・かつての記憶の伝統から社会の自己認識へと変わった」からである。そのために、「国民、歴史学、記憶という三つの語はそれぞれの自律性を取り戻した。国民はもはや闘いではなく、所与のものとなった。歴史学は社会科学となった。そして記憶はまったく私的な現象になった」という事態が生じるようになったからである。

ここで紹介したノラのこの議論は、最初にもふれたように大部な歴史論文集の序文として書かれたものである。その点では記憶に名を借りた歴史の擁護である、と言ってよいかもしれない。学問的なものとしてますます細分化され、その過程で研究対象や議論内容がきわめてミクロ化しているにもかかわらず、というよりそのためにますますナショナルな場への帰属性を強めている歴史に、「記憶」という名を冠し、それが特定の「場」を媒体として成り立つことを根拠に、個々の研究を位置づけたものとする批判も可能かもしれない。

しかし、肯定的に評価するならノラの議論の意味は、学問的な枠組みの中に位置しながら容易にナショナルヒストリーの枠組みを抜け出ることができなかった（ノラは伝統的なナショナルヒストリーを歴史的にロマン主義的なもの、実証主義的なもの、社会科学的なものの三つに区分している）歴史に、第四の流れとしてポリフォニックなアプローチの可能性を提示したものであると言えるだろう。過去を歴史としてではなく記憶としてとらえていけば（そのことをノラは再記憶化という言葉で表現している）、そのことが可能となるのではないかとノラは考えているのだろう。

このようにノラの立論は、二つの異なる視点から評価することができる。一方では、ナショナルヒストリーの枠組みから離脱することができないままにミクロ化した歴史研究に正統性を付与するものとして、他方では、歴史をかつての記憶のように、多元的なもの、さらには個的な場に置くことによって歴史への視座の新しい可能性を切り開くものとして、である。そしてそうした問いは、この本が設定している基本的な問いとも重なる。と言うよりも、歴史にとって現在問うべき最も基本的な問いであると私は考えている。次章以下では、それがどのような議論として実際に歴史を研究する人々によって論じられてきたのかを検討し、結論へと議論を進めていきたい。

第6章　異なる視座

第1節　近代歴史学への問い

この本は二一世紀初めの時期のあるエピソードから始まった。イギリスで行われたある調査で、第二次大戦期のイギリスの指導者がチャーチルであったことを知っていた中学生は二〇%に満たず、そればかりかヒトラーと答えた学生が少なからずいたというエピソードである。このように、かつては常識的な歴史的知識と思われていたことも、新しい世代にとっては既に共通の知識ではない。同じ調査を日本の中学生に、あるいは大学生に行ったらどういう結果が出るだろうか。ヒトラーはともかく、チャーチルを知らない中学生や大学生は現在の日本ではかなりの数にのぼるだろう。現在でも様々に取り上げられるヒトラーと比較すれば、あえて言えば脇役的な存在だからである。自国の政治家であるチャーチルさえ知らないのだから、東條英機の名前は現在のイギリス人にはさらに知られていないだろう。日本人には日本人として共有する歴史認識があり、イギリス人にはイギリス人として共有する歴史認識があるとされているからである。

そのことが、南京虐殺事件、広島・長崎への原爆投下に関して、事実認識や解釈のあり方が、日本とアメリカ、中国で大きく異なる理由であるのは指摘したとおりである。しかし、同時にこの本が問題としたことは、同じ日本人の間でも南京虐殺事件をめぐっては大きな認識の差異があり、それが歴史教育をめぐっての争いを生んでいることである。最初にも紹介したように否定論がないとは言えないものの、ホロコーストが世界的に共通する知識とされていることとは対照的である。

このことは、歴史の共同化には広く世界に受け入れられているもの、現在的な言葉をもちいればグローバリティを単位とするものと、国家つまりナショナリティを単位とするものとがあることを示している。しかし、グローバリティというのは、きわめて現代的な用語であり、一九六〇年代にもちいられ始め、一九八〇年代頃から一般化されるようになったものである。近代国民国家は、その言葉通りモダニティの形成にともない形成された。

こうした視点に立って、本書は近代社会の共同性を作り出したものとして、ナショナリティとモダニティを設定し、そしてモダニティが生み出した科学、芸術をはじめとした様々な様式への懐疑が提示され始めた時代、ポストモダンと言われる時代にはどのようなことが新たに議論されるようになったのかを、ナショナリティとの関わりを含めて、歴史をその中心的テーマとして論じてきた。

ホロコースト、南京虐殺事件、広島・長崎への原爆の投下という事実を、異なる歴史認識の対象の事例としてまずは取り上げたのはそのためである。歴史の相対性、共同性の事例として、わかりやすく、また豊富な議論の対象となっているからである。既に論じたように、歴史の相対性の次元は、解釈と事実という二つの次元から構成される。解釈の相対性というのは、わかりやすい。種々の出来事についての解釈が多様であることを、私たちは日常的に経験し、確認している。しかし、事実の相対性というのは、それほどわかりやすい問題ではない。そのことは、広島・長崎への原爆投下という事実は疑い得るのかということをとおしても理解できる。

しかし、にもかかわらず、ホロコーストと南京虐殺事件は、国家や国民によって、あるいは国民内部において、その事実が相対化されている。いわゆる歴史修正主義は事実の過少化につとめ、その実在性の否定をも主張する。そしてポストモダニズム的な思考をその根拠に置いた歴史の脱構築論は、歴史修正主義に理論的根拠を提供したものであるとしばしば批判的に論じられている。近代以降、歴史研究が積み重ねてきた成果を否定するものだからである。

そうした批判に異を唱えたのが、若くして物故した保苅実である。その遺作となった『ラディカル・オーラル・ヒストリー――オーストラリア先住民アボリジニの歴史実践』に、保苅は以下のようなメッセージを残した。

「(アボリジニによって) 行われている歴史実践は、たしかにアカデミックな歴史とは異なるルールで展開されています。異なる過去への接近法、異なる歴史哲学といっていいかもしれません。だからといって・・・こうしたかれらの歴史実践が、近代の学術的歴史学の実証性・史実性の要請に応えていないからといって、それを『なんでもあり』と即断してしまうのは、あまりにも乱暴だと思います。」(二五頁)

この言葉は、文字通り「近代」歴史学を批判したものである。それでは近代歴史学の何が批判されているのか。文意から自明なことは、近代歴史学がアボリジニのような近代から見れば非近代の側に立つ人々と彼らの認識を、その歴史に取り入れてこなかったことである。ここには自らを近代に同化することによって、圧倒的に多くの関心を欧米に向けてきた歴史研究のあり方への批判がある。近代の「歴史学」が、事実性や客観性を根拠に、普通の人々が日常的な経験や記憶を通して紡ぎだしている歴史、保苅の言葉を借りれば「歴史実践」を下位に置いてきたことへの批判である。別の言い方をすれば、保苅がここで論じていることは、モダニティが他者として抑圧し、排除し、捨象してきた過去を、忘却から蘇生するための歴史はどのようにして可能かという問いである。

歴史には様々なハイアラーキーがある。客観的なものが、主観的なものより重んじられる。共同的なものが、個人的なものに優越する。進歩的なものが遅れたものより優先される。このことも関係するが、欧米的なものが、アジアをはじめとするその他の地域よりも、多くの点において優位なものとして扱われてきた。あるいは教科書の叙述にみられるように、偉人が普通の人々に対して、大国が小国に対して上位の位置を占めているのも、歴史にあるハイアラーキーである。しかし、最も重要なことは、歴史においては通常は、事実がフィクションの上に置かれるということだろう。歴史は事実を槓杆とするものであり、フィクションや主観的理解にもとづくものは、事実を根拠とした歴史の下位に位置するものであることは常識的なものとされてきた。

近代以降の学問的歴史学もまたこうしたハイアラーキーの上に成り立ってきた。具体的には、事実性、科学性、客観性というモダニティが尊重した価値を近代歴史学は通有し、そのことを理由に保苅の言うところの「アカデミックな歴史とは異なるルールで展開されている異なる過去への接近法、異なる歴史哲学、・・・歴史実践」を排除してきた。逆に言えば、近代歴史学が事実性、科学性、客観性に依拠しているとする主張に疑問を呈し、異なる過去への接近法、異なる歴史哲学、歴史実践の可能性を論じたポストモダン的な歴史の脱構築論は、専門的な歴史研究者からは批判の対象となった。この章ではそうした批判を前提としながら、ポストモダン的な歴史理論の意味をあらためて論じてみたい。

第2節　歴史を保守する

ポストモダニズムの立場に立つ歴史論に対する批判は実は多様である。日本ではポストモダニズム的な歴史論は、その相対性の強調のゆえに保守主義に加担するものであるという批判が強いが、この批判は一面的である。その誤りは、既に紹介したホワイトの思想的原点からしても理解できるはずである。逆にその思想的急進性のゆえに、ポストモダン的な歴史論に批判を浴びせる保守的な歴史家も少なくはない。その代表が『歴史の殺害』(*Killing of History*, 1994) を書いたオーストラリアの歴史家キース・ウィンドシャトルである。

ウィンドシャトルは保苅が研究対象としたアボリジニの歴史にまつわる問題、オーストラリアへの白人の移住期にアボリジニに対して行われた大量殺戮行為の実在論に対して、きわめて批判的な立場に立ち、後述するようにポストモダニズム的な立場からその問題を論じている歴史家を強く批判する。しかし、その一方で彼は、ポストモダニズムの歴史理論がもとづいていると彼がみなす諸要素、すなわち文化相対主義、記号論、構造主義、ポスト構造主義、急進的懐疑主義、解釈学、詩学理論、さらにはマルクス、フーコー、あるいはトマス・クーンらの理論に対しては一定の理解を示している。批判を目的としたものである以上、その理解にはやや類型的な点も少なくはないが、一定の理解をふまえた上での批判であるという点では参考になる。その内容をまずは簡単にたどってみよう。

ウィンドシャトルの基本的な主張は、歴史は真理と科学を追及する科学であり、人間の理性と道徳的判断を肯定するものである、という点に置かれている。科学・理性・道徳的判断がその基本的な立脚点である。その一方で、彼は「知識」「真実」「科学」「学問分野」のそれぞれに関し、確実性・客観性を否定し、真理を相対化し、科学を主観的なものとするものであるとして、ポストモダニズムに対する疑問を提示する。

(一) 観察と帰納にもとづく啓蒙主義の科学的方法の諸側面を批判する、(二) 真実と知識という観念を相対的に見る立場に立つ、(三) 実在に人間は直接アクセスできないということをその理論の中心に置いていること、そのことによって、(一) 歴史の方法を掘り崩し、(二) 歴史と虚構の区別を消去し、(三) 過去は現在とは独立のものとして起きたことを看過する、という点で歴史にとってきわめて対立的なものであるというのが、彼のポストモダニズム的な歴史論への批判の根拠である。

ウィンドシャトルの議論で興味深いことは、彼が史料にもとづく事実性を根拠に、ポスト構造主義やポストモダニズム的な立場から植民地主義や帝国主義を批判する思想家や歴史家を批判していることである。とりわけ批判の対象として選び出されているのは、ポストコロニアリズムの立場に立ってアメリカ大陸の征服を記号論的に論じたインガ・クレンディネン、「戦艦バウンティ号での反乱」を素材に映画によって表現された歴史から歴史認識の変化を論じたグレグ・デニング、さらにはこれまでの歴史を西欧による帝国主義的支配を合理化してきたものとして批判し、そうした歴史がとってきた物語的記述は多面的であった実際の過去の事実を示すものではないとし、物語的歴史に代えて「空間的歴史」(spatial history) を試みる必要があることを論じたポール・カーターなどである。

たとえばクレンディネンの解釈、すなわちアステカ王国が崩壊した理由は、戦争や戦闘についての文化的な理解が征服者であるヨーロッパ人と、アステカの側ではまったく異なるものであったこと、具体的には、戦場での殺人を禁止し、それゆえ武器もまた殺人を目的とするようなものを保持せず、さらには異文化を敵対視することがなく、むしろ外来者を神格化したことが、アステカ王国がスペインによる征服を許した理由であるとするクレンディネンの解釈を、ウィンドシャトルは、あくまでも社会発展の度合いの差による物理的力量の差異が征服・被征服の原因であったとして批判する。

その根拠としてウィンドシャトルは、ヨーロッパ文化との遭遇によって先住民の側にも文化的変容はあり、戦争の形式の変化、たとえば大量殺害行為はアステカの側にも具体的に存在していたことをあげる。また逆に侵略する側に、つまり西欧の側に自己中心主義的な普遍主義、たとえば普遍的な人間の性質と価値というような主張が存在し、そのことが先住民を文化的に劣位な他者と見なしたことが侵略の大きな要因であったとするクレンディネンの主張に対しても、ウィンドシャトルはアステカの側に生贄と人間食があったという問題を例示して、西欧による彼らの他者化には根拠があったと主張する。侵略を正当化する西洋社会に文化的優位性があったという主張である。

第3節　植民地支配の擁護

こうした議論をウィンドシャトルは、「私たちは過去の世界を含む世界を、私たち自身の文化が私たちに与えている構造をとおして見ることができる。発見されるべき『客観的事実』、記憶されるべき『歴史』は存在しない。できることは、私たちに与えられた文化、過去の文化についての変化する解釈によってそれ自体が枠付けられた文化をとおして過去をかたち作ることだけである」というデニングの主張にも向けた。

デニングには、バウンティ号の反乱を取り上げたいくつかの映画を対比した研究がある。同一の事件への解釈は（この場合は何度かにわたる映画化というかたちをとったが）その時々の文化的必要性を満足させるために変化していくものであり、個々の時代に対応するかたちで構築される「歴史という神話」をとおしては、過去の真実に到達することはできないというのが、その主張したところである。またデニングは、同じくバウンティ号の反乱に関して、反乱の原因を艦長が船員や先住民に対して不適切な言語をもちいたこと、権威がとるべき儀式や演劇性を行使する能力を欠如していたことに求め、文化的な枠組の中で言葉や振る舞いがもつ記号的意味からこの事件の説明を試みている。前述の引用や、こうした結論からも理解できるように、デニングはポストモダニズム的な視点から過去認識の相対性を論じたオーストラリアの代表的な歴史家の一人である。

そのデニングの主張を、ウィンドシャトルはスリランカ生まれの歴史家であるガナナート・オベーセーカラの議論を借りて批判している。ハワイとクック船長の遭遇を論じたオベーセーカラの議論は、きわめ直截なものであって、イギリス人が先住民を屈服させることができたのは先住民の文化的枠組みではなくて、発砲による威嚇であったというものである。つまり両者の物理的な力量の差に求めた議論である。文化人類学者の指摘するような文化的差異があったことは事実としても、それを包括的な理論的枠組みとして歴史の解釈に持ち込むことは、史料にもとづく歴史の現実的解釈を損ねるというのが、オベーセーカラの議論を受けてのウィンドシャトルの主張である。

ウィンドシャトルはまたオーストラリア建国期におけるアボリジニの掃討の問題を取り上げたポール・カーターの議論にも激しい批判を加えている。カーターの議論は、基本的には歴史を抑圧された側、すなわち他者の側から構成しようとするものである。カーターはこう主張した。たとえば史料にもとづく事実といっても、オーストラリアに送られた初期の流刑者たちによって追いやられることになったアボリジニは、自らに関する史料を自らの手によって残しているわけではない。彼・彼女らについての一次的史料とされているものは、部分的なかつ選択されたものであり、（とりわけ支配する側の）特定の価値が内在したものである以上、それらを重ね合わせて物語を作り出しても、それは過去の実在に対応するものとはなりえない。

くわえて史料にはもう一つの問題がある。それは史料として記号化されたものは、けっして過去の事実ではなく、あるコンテクストの中での記号にすぎないからである。それは地名の呼び名によっても理解できる。たとえばオーストラリア（南の国）という呼び方は、西欧からの位置付けを示すものでしかない。同様にアボリジニ（原住民）という言葉自体も、この呼称が存在するようになった植民地化以降に西洋の側の語彙として成立したものであり、そもそも植民地化以前には、先住民は自らをそのように意識することも語ることもなかったからである。

したがって、(一) 物語的記述は実在を反映しない。というのはそうした記述は直線的に物事を語るが、実在は多面的であるからである。多面性を記述するのには、「空間的歴史」(spatial history) というような手法を試みるべきだ。(二) 物語的歴史は価値自由でも、客観的でもなく、むしろイデオロギー的な側面をもっている。現在ある歴史は、近代ヨーロッパにおいて生み出され、それを支えるもの、帝国主義的歴史と呼ばれるようなものである。(三) 第一と重なる点もあるが、物語をもちいることによって歴史は直線的な時間の推移という枠組みで捉えられているが、本来過去に存在した歴史的出来事は「時間的」(temporal) なものであると同時に、空間的なものであって、歴史についての記述はその両面からなされるべきだ、というのがカーターの議論である。

これに対してウィンドシャトルは、史料によって事実が再構成しえないのなら、叙述にあたってすべてが相対化されるはずなのに、カーター自身多くのことを事実として記述していることには矛盾がある、として批判する。また名前が付されるようになる以前から、物事は存在していて、名前がつけられるようになってから存在するわけではないとしても批判する。さらに直線的なものと空間的なものは対立的なものではなく、並立的なものであり、それを同時的に歴史の記述の中に存在させていくことはむしろ当然のことであるとも論じている。

このような立場からポストモダニズムの議論は「歴史を殺害する」ものであると論じることをとおして、ウィンドシャトルは「歴史を保守する」ことを主張した。しかし、この議論の大きな問題は、史料の有無を理由に、アメリカやオーストラリアで行われた植民行為、それに伴う先住民の掃討を正当化する立場に立つこと、さらにはその際の虐殺行為の存在を過小評価し、さらにはその存在を否定するという態度を示していることだろう。

第４節　歴史はフィクションか

ウィンドシャトルの議論は、きわめてパラドキシカルなことに、事実を尊重し、真理と科学を根拠とする歴史にあるイデオロギー性を示している。そのことへの疑問を提示したのが、保苅実への献辞が冒頭に記された『歴史はフィクションか』(*Is history fiction?*, 2005) という著作を書いたオーストラリアの二人の歴史家、アン・カーソイズとジョン・ドカーである。

カーソイズとドカーのウィンドシャトルへの批判は、イギリス人の入植以来タスマニアのアボリジニ人口が急速に減少したという「事実」に言及したリンダル・ライアンの『アボリジニのタスマニア』を、ウィンドシャトルが『アボリジニの歴史の偽造』という著作をとおして、その脚注における事実操作の誤りを理由に批判したことに向けられている。カーソイズとドカーの批判は、一見「事実」を根拠とするかたちをとりながら、ウィンドシャトルの主張がきわめてイデオローギー的であることにある。先住民の人口減少は、白人の暴力によるものではなく、疫病などの拡大や、先住民の男性が女性を白人に売り渡したからであると「解釈」しているからである。

さらに、ウィンドシャトルは、タスマニアでは先住民に対する除去や破壊という政策はとられなかったこと、暴力があったとしてもその責任は、家族と財産を守ろうとしたよきクリスチャンであった植民者側にあったわけではなく、それまで自己の工夫によってではなく、異なる世界からの孤立という幸運に身を委ねて生きてきた先住民側にあったと主張する。

そもそも先住民側には土地を自らのものとして守るという自覚はなく、彼らの暴力は彼らがそれまで保持してきた強奪と殺人の伝統にもとづくものであり、また彼らの暴力的行為に対する白人の側の反撃による先住民の殺戮があったとしても、それはきわめて限定的なものであり、せいぜいその数はあわせても一二〇人であったというのがウィンドシャトルの主張である。

議論の対象であるオーストラリアにおける先住民の除去という問題は、アメリカ大陸における先住民の除去という問題と同様に、ホロコーストや南京虐殺事件と比較するならば、史料にもとづく事実の確定を行うことがはるかに困難な問題である。ウィンドシャトルの著作を機に巻き起こった論争の中できわめて多くの議論が展開されているにもかかわらず、なお確たる結論が示されえないことにも問題の困難さが示されている。カーソイズとドカーは、だからこそ「想像力」にもとづく道徳的判断が歴史には必要であると主張する。というのは「証拠が希薄で部分的なものであるところでは、私たちの道徳的判断、政治的理解、文化的推断のすべてが、事実がどのようなものなのだろうかを判断することに影響する」からである。

このカーソイズとドカーのウィンドシャトルへの批判は、『歴史はフィクションか』という著作の最後の章である「歴史の戦い」という章の一部として書かれたものである。フェミニズムやアボリジニを研究テーマとする実際の歴史家でもある二人が、『歴史はフィクションか』ということをテーマとしてポストモダニズム的な歴史を擁護していることは興味深い。それはホワイトと同じように、歴史の中にあるフィクショナルな要素を認めることが、近代以降の歴史学と、それに支えられた事実にもとづく歴史という、私たちが常識的なものとして受容している歴史を批判的に考えていく契機となる、と二人が考えているからである。

そうした視点からカーソイズとドカーは、西欧における歴史の創始者として語られることの多い、ヘロドトスとトゥキディデス、実証史学を打ち立て「事実をあったまま記す」という近代的な歴史学の基本的枠組みを確立したとされるランケ、歴史小説の大家として数多くの作品（フィクション）を作り出したイギリスの小説家スコットの作品の内容を、その後の歴史記述のあり方と対比しながら興味深く論じている。

まずヘロドトスとトゥキディデスに関してカーソイズとドカーは、ヘロドトスのほうに高い評価を与える。というのは、ペロポネソス戦争を扱ったトゥキディデスの著作が、政治史を中心としその内容が限定的であったのに対して、主としてペルシア戦争を素材としたヘロドトスの著作は、地域的にもギリシア社会を超えた幅広い対象に及んでいたばかりでなく、内容的にも政治史、経済史、外交史だけでなく、社会史、宗教史、文化史、さらには女性史といった領域に及んでいたからである。

トゥキディデスの記述は、文芸批評家であるバフチンの分析概念を借りれば、トルストイの著作と同じように「モノロジック」(monologic) なかたち、登場人物は主体ではなく、すべてを知り、すべてを統御している作者の客体であるというかたちをとっているのに対して、ヘロドトスの記述ではドストエフスキーの著作の形式と同じように、登場人物は自立的な主体であり、これに対して著者は調整者であり、まとめ役であり、参加者でもあるというポリフォニック（polyphonic）な形式がとられている。つまり多元的な歴史への視点という点からみると、ヘロドトスの方が現在的な意味を有しているというのがカーソイズとドカーの主張なのである。

このことはランケとスコットへの対比的な評価という点にも共通している。もちろん実際的な歴史家としてカーソイズとドカーは、ランケが近代的な歴史学の確立にあたって重要な役割を果たしたことを否定しているわけではない。しかし、ランケが近代的な歴史学を確立した後、つまり事実としての歴史とフィクションとしての小説が区分されるようになってからは、歴史学の世界では事実と背離するフィクションによって構成されたものとして看過されるようになったスコットの作品の意義を、彼らは高く評価している。

その理由は、ランケの「客観的」な歴史が、結局は自己が所属する民族や国家を中心に据えた政治史に偏重したものであったのに対して、スコットの作品にはヘロドトスの作品と同様に、一般の人々の日常生活への関心、さらには女性やシンティ・ロマ人（ジプシー）などの他者への関心と、そうした関心にもとづく記述が含まれていたからである。公平性と客観性と基準とした歴史が、その公平性や客観性を基準に排除したものが、むしろスコットの作品には含まれていたということである。

現在の私たちが、いまなお過去の人々の日常的生活への想像を、事実にもとづくとする歴史研究書や教科書をとおしてではなく、歴史映画や歴史小説などをとおして行っているように、多様な事実を描き、人々の中に過去の実際の世界への理解を作り出したのは、ランケではなくむしろスコットの作品であったというのが、カーソイズとドカーの主張なのである。

第5節　ジェノサイドとホロコースト

このような立場に立つカーソイズとドカーは、いわゆる事実性とか科学性を強調する歴史、マンズロウの分類にしたがえば再構築論的な歴史にはきわめて批判的である。ランケの考えを受け入れ、「このなかに含まれる一切の歴史が、それを書いた歴史家の所属する国家、党派、宗教を明らかにするものではないということを私たちは求めている。・・・私たちが描くウォータルー事件はフランス人とイギリス人、ドイツ人とオランダ人をともに満足させるものでなければならない」として、すべての人々に共通な「普遍史」（universal history）を主張したアクトン、アクトンの後を受けてケンブリッジ大学の欽定講座教授の座につき、その就任演説で、「歴史は『科学』である。それ以下のものでも、それ以上のものでもない」と主張したビュアリの主張は、こうした立場からは、ナショナリズムの発展にともない、歴史に統一性と持続性を作り出そうとしたものであったとして批判されることになる。

一方カーソイズとドカーが積極的に評価するのは、現在から見た歴史という点を強調する構築論的な考え方、クローチェ、ベッカー、ビアード、コリングウッドさらにはＥ・Ｈ・カーにいたる考えである。またそうした考えを基軸として、実際の歴史研究に大きな役割を果たしてきたアナール派やマルクス主義的な立場にも高い評価を与えている。

そうした評価に立ちながらもカーソイズとドカーは、歴史の構築論をさらに進め、相対主義的な視点を強調した歴史の脱構築論をそれ以上に評価する。その理由は、構築論的な歴史が、再構築論的な歴史と同様に、実証性や事実性を盾に、伝統的な歴史の枠組み、西欧中心的な、白人中心的な、あるいは男性中心的な枠組みを越えていない点にある。

そのような問題としてカーソイズとドカーが取り上げるのが、実はホロコーストの問題である。というよりも、彼らの主張にしたがえばジェサイド（皆殺し）の問題である。というのは、ホロコーストは歴史の中で生じた数多くのジェノサイドの中で、第二次大戦の際にユダヤ人やシンティ・ロマ人や、さらには障がい者に対して行われたジェノサイドを指すという限定的なものでしかないからである。ホロコーストの非実在論者が指摘するように、ホロコーストという言葉が構築的なものであるということは否定できない。第二次大戦後にとりわけドイツによる犯罪的行為を浮き出すものとして使用されるようになった言葉だからである。

とはいえ、ホロコーストに限らず第二次世界大戦を前後とする時期に国家権力による大量殺害が行われた例は多い。ドイツ歴史家論争で問われたように、ソ連において政治的反対派（のみならず一般市民や外国からの亡命者にもおよんだ）に対する大規模な粛清が行われたことは事実である。のみならず、広島・長崎への原爆の投下をはじめとする他国民の空襲による大量殺害が行われたのも、南京虐殺事件に見られるように占領に伴う虐殺が世界の各地で行われたのも事実だろう。ここからホロコーストという言葉をもちいて特定の事件のみを言説化するのは、その他のジェノサイドを看過する言説であるという議論が論じられることになる。

そもそも他民族や他集団の大量の殺害、ジェノサイドという行為はホロコーストに限られたものでもない。アメリカやオーストラリアへの植民の過程で、さらにはアフリカやアジアへの西欧の進出の過程で広範に行われた。それればかりか、トゥキディデスの『歴史』にもその記載があるように、ギリシアの都市国家同士の戦争の際にも既に生起していた。ホロコーストという言葉をもちいて特定の事件をとりたてて言説化する歴史意識は、ややもすれば西欧中心的なものである。その犠牲者たちは「人間」として取り扱われている。

では植民地化の過程で文明によって掃討された人々は、「人間」として扱われてきたのだろうか。史料にもとづく事実性が裏付けられないということを理由に、「歴史」から除外されてきたのではないだろうか。

カーソイズとドカーがこのような主張をするのは、ドイツという国家によって行われたユダヤ人やシンティ・ロマ人の大量殺害であるホロコーストという事実の存在を否定するためではない。ホロコーストにしても、南京虐殺事件にしても、事件は近代国民国家がメディアや教育をとおして、さらには権力による強制と誘導をとおして、偏った歴史認識を醸成し、過剰なナショナリズムと他国民や他民族への過剰な敵意を作り出していくなかで、国家の誘導に包摂された人々が集団的に行った行為であった。そのことは確かである。その意味では、事件の実在を否定する人々に対して、過剰なナショナリズムやそれにもとづく歴史認識の誤りを、確実な根拠をもって批判していくことは重要なことである。

しかし、同時に考えるべきもう一つの問題は、事実の存在自体が、近代という言説の場では希薄なものとなっている問題も多いということなのである。ホロコーストだけが歴史に起きたわけではない。もし私たちがそのことを自覚しようとするなら、現在の社会はカーソイズやドカーの指摘するように無数のジェノサイドの上に打ち立てられたものであることがわかるはずである。近代と自らを呼ぶ社会の中で常識化した歴史が見落としているものも少なくはない。

カーソイズやドカーが、ホロコーストに対してジェノサイドという問題を対置することによって、ホロコーストに比較すれば事実性の問題においてその実在を示す史料がはるかに乏しいアボリジニの掃討の問題を取り上げているのはそのためである。また事実性のみを担保とした歴史の危うさを指摘しているのは、そのためなのである。こうした議論もまた歴史修正主義的なものとして批判されるべきなのだろうか。

この本を私は、ホロコーストや南京虐殺事件をめぐる議論から始めた。そこで紹介したことは、これらの「歴史上」の事件を「修正」しようと企てには二つの試みがあることである。一つは、その実在を否定するもの、もう一つは同種の事件を例示して、それらを相対化しようとするものである。この二つは、「実在」についての認識のレヴェルでは、一方は実在を認め、他方は実在を否定するという点で、まったく異なる。にもかかわらず、この二つはしばしば「同一」の思想的立場から繰り返されている。きわめて非論理的で、支離滅裂である。あえて言えば、後者の方に事実認識という点でも、論理的なレヴェルでも優位性があると言えるかもしれない。それはホロコーストや南京虐殺事件をジェノサイドの一つとして認めるものだからである。

ホロコーストや南京虐殺事件をジェノサイドの一つとして認めることは、それほど奇妙な議論ではない。問題は、それがナショナリズムに立つ歴史認識を擁護するために、自らの責任を相対化するために論じられているのかである。その点では私は、ホロコーストや南京虐殺事件に同種の事件を対置して自らの責任を回避しようとするナショナリスティックな議論にはきわめて批判的である。しかし、表象の不可能性を理由に、ホロコーストだけを過剰に取り上げることにも批判的である。

ホロコーストが表象不可能な出来事であるとすることは、その災禍の当事者への共感や自らが生きる現代社会への批判的認識としてけっして誤ってはいない。しかし、語りえぬもの、語られざるものは、けっしてホロコーストとその被害者だけではない。モダニティに内在していたナチズムやスターリニズムの犠牲者だけが人間であったわけでない。モダニティの外側に置かれ、人間としてすら扱われなかった無数の存在が忘れさられるべきではないだろう。

彼らの痛みはなぜ表象が不可能なものとして扱われないのだろうか。そればかりか、ウィンドシャトルは彼らへのジェノサイドをホワイトの分析にしたがえば望ましい結果をもたらしたもの、「喜劇」として表象しているのである。私たちは彼の見解に暗黙の共感を寄せてはいないだろうか。

第６節　歴史学の擁護

この章のここまでの議論を読者はどう感じただろうか。保守的な読者は、ウィンドシャトルのポストモダニズム的な歴史論への批判を、正鵠を得たものとして受け取ったかもしれない。一方、進歩的な読者は、保守主義的な議論をポストモダニズム的な歴史論への批判の代表的事例として提示するのは、適切でないと感じたかもしれない。さらにはホロコーストとジェノサイドにかかわる議論に関しては、まさに歴史修正主義的な議論だと受け取った人があるかもしれないし、あるいは欧米中心的な歴史観とは異なるポストコロニアル的な視点を取り入れた議論であると受け取ったかもしれない。

おそらくは専門的な歴史研究者は、ポストモダニズム的な歴史論への批判の例としてウィンドシャトルの紹介を先行させるのは、やや公平さを欠いたものだと感じただろう。ポストモダニズム的な歴史論を批判した著作としては、他にもいくつかの優れたものがあるからである。その一つとして取り上げられることが多いのが、日本でも訳出されているリチャード・エヴァンズの『歴史学の擁護』(*In Defence of History*)である。エヴァンズの述べるところを紹介しよう。

「ポストモダニストは、一九九〇年代初頭、社会決定論—ことにマルクス主義者の—が陥った行き詰まりを脱却する道を指し示し、歴史学に自己再生の可能性を開いた。ポストモダニストの歴史は、確かに小説まがいの様相を呈することが多いが、いつもそうだというわけではない。ポストモダンな歴史は歴史的叙述の領域を拡大し、・・・(その)ジェンダーやエスニシティーへの関心は、階級のみに集中的に自己制限することによって貧しいものとなっていた社会史を豊かなものとした。

周知のとおりポストモダンな歴史は、近代主義者の歴史学の中核にあった理性と進歩への信仰を拒否し、歴史のなかの非合理なもの、異常なもの、逸脱したもの、魔術的なものに深い関心をよせた。ポストモダンな歴史は、往々にして、現実的なものを見捨てて、象徴的なものをとりあげた。ある歴史の様相を際だたせて他を切り捨てたり、中心となる総括的物語を構築して、他はすべて周辺に押しやってしまうのを拒絶して、ポストモダンな歴史は、これまで歴史家がとるにたらぬ意義のないものと思い込んできた主題に眼を向けることが多くなった。」(一九一〜二頁)

この文章にみられるように、エヴァンズはポストモダニズムの影響を受けた歴史理論の果たした役割を全面的に拒絶しているわけではない。

たとえばこの本の中でたびたびふれてきたテクストとしての歴史の相対性という問題についてもエヴァンズは、「もはや歴史のテクストには著者が与えた固定的で普遍の意味が存在するとみなすことはできない」というデヴィッド・ハーランの指摘に対し、

「著書を出版し、その書評を読んだことのある者なら誰でも、テクストには多種多様な解釈が可能であることに気がつくはずである。・・・テクストが複数の意味をもち、それらが著者の意図から相対的に自立していると自覚しておくことは、歴史家の間では以前からの常識である」（同、八七頁）

と述べ、テクストつまり歴史書に対して様々な解釈が成り立ちうることを認めている。

しかし、同時にエヴァンズは、「書くという行為においては読者は不在であり、読むという行為においては作者は不在である。・・・このようにテクストは読者と作者の二重の掩蔽を生むのである」というリクールの主張に対して、

「これは正しくない。テクストは常に読者のために書かれるものであり、作者の想定する読者がどのようにそのテクストを読み取るのか、という作者の期待に応じて枠づけされている。同様に、読者は読書中、常に作者の目的や意図を心に留めている・・・

ポストモダニズムがおこなったことは、歴史のテクストや史料の透明性、あるいは不透明性という議論というよく知られた議論を、二項対立的に分極化させたことである」（同、八八、八六頁）

として、ポストモダニストの議論は、むしろ書き手と読み手、テクストと解釈という議論を二項対立的なものとして単純化しているのではないかと論じる。

別の言い方を借りれば、「実際には、書かれていることをすべて信じようと歴史書に向かう読者など

いない」し、「まったく受動的な読者なるものも、限りなく能動的な読者なるものも、現実には存在しない」のであって、読み手は書かれていることに対して一定の判断基準にしたがって、読み手なりに歴史のテクストを読み解いているというのがエヴァンズの基本的な主張である。

確かに書き手と読み手の関係は自由なものであり、テクストは読み手の解釈によって変形することが多い。史料もまたテクストに過ぎないのなら、歴史家の解釈次第によって多様な事実が作り出されていくこともありうる。しかし、それは無制限なものではないとエヴァンズは主張する。その根拠としてエヴァンズが挙げることの一つは、あらゆるテクストが質的には同一なわけではないことである。信憑性の高い史料と明らかに偽造された史料、事実に即して書くことを意図して書かれたもの、たとえば歴史研究論文と事実とはかけ離れた荒唐無稽な空想物語は、もし真理とか事実を解明しようとする立場に立つなら、けっしてテクストとして一律化することはできない。明らかな差異のあるものとして取り扱われるべきものである。歴史家は様々なテクストに接しながら、それらのテクストの優劣を判断し、事実を推測し、それについての適切な判断をくだすべきなのである。

ここからエヴァンズは解釈自体もまた無制限のものではないと主張する。

「・・・歴史家は証拠に対して厳密かつ自己批判的なアプローチを取ることが要求される。歴史家は過去の現実を歪めたり、捏造することなしには利用できないと分かれば、進んで政治的意見のほうを捨て去らねばならないのである。歴史家は仕事中、意識的にせよ、無意識的にせよ、現代の道徳的、政治的な目的に確実に左右されている。しかし、結局のところ彼らが死守すべきは、こうした目的の有効性や望ましさではなく、依拠する証拠や事実の諸ルールに歴史的主張がどの程度したがっているのか、ということである。別の言い方をすれば、彼らは客観的でなければならない」（同、一七五頁）からである。

とはいえ、エヴァンズは歴史家が語る真実を絶対化しようとしているわけではない。「自分たちが絶対的な真実を書いているのだ、と信じている歴史家などいない。」歴史家は「単にもっともらしい真実を信じている」のに過ぎないのであって、彼らがそれを真実だと信じているのは、それが歴史学の基本的な枠組みである証拠に関するルールにしたがえば真実と考えられるからなのである。

このようにエヴァンズの議論は、歴史の相対性を全面的に否定しているわけではない。真理とされてきたものへの懐疑は、ポストモダンに固有なものではなく、むしろ近代の特性の一つであったという視点に立ちながら、ポストモダニズムからの（伝統的な、あるいは近代の）歴史への批判は、むしろ論理的には自らが批判したはずの二項対立的な議論の立場に立ちすぎているとして、それを批判するのである。そのことは合理的認識の放棄につながる。ここからエヴァンズは、ポストモダニズム的な議論は、歴史の基本的事実、たとえばホロコーストですら懐疑の対象とするものではないのか、という議論を展開したのである。

ホロコーストの問題についてエヴァンズが例として取り上げるのは、ホロコーストの実在をめぐる議論について、否定論者との一切の議論を拒否しているデボラ・E・リプシュタットの主張である。そうした議論、つまり対立した「両方の言い分」があるということを認めて公開の場での議論の対象とすること自体を拒否する、というものである。

「（それは）そんなことをすれば、そもそもそれに値しない正当性と威信とを彼らに与えてやるようなものである。まさにホロコースト否定論者のイデオロギーにほかならない反ユダヤ主義は、責任ある歴史学などではないのに、そうであるかのように扱ってやることになるだろう」(同、一八九頁に引用)という主張である。

同種の問題は、現在の日常的な文化の中で、とりわけ大衆的なメディアの世界でしばしば散見される。テレビのヴァラエティー番組ではしばしば、UFOやお化け、怪奇現象、超常現象の実在をめぐっての議論が行われている。しかし、番組がいかに長く継続しても、その結論が出されることはありえない。実在派も非実在派も共通の根拠や論証方法をもちいないからである。いかに非合理的なことであっても、他者との共通の根拠や論証方法をもちいなければ論理的に打ち負かされることはない。議論を意図的に二項対立化させ、並行してけっして交わらないものとして設定しさえすれば、いかに非合理的な主張であっても立論することができるからである。実際には合理的なものと非合理的なものの間には、事実においても論証においても明確な優劣関係があるにもかかわらずである。

リプシュタットの主張を借りてエヴァンズが主張するのはそのことである。エヴァンズによればホロコーストの実在は、(私がこの本の中で例として示した)広島への原爆投下の実在と同じように、本来は議論の対象となるような事柄ではない。しかし、(私がこの本の中で南京虐殺事件を例にとって示したように)、論争の対象とすることは可能である。共通の根拠や論証方法をもちいなければ、永久に事実と事実に対する解釈を並行化させていくことはけっして不可能なことではない。その種の意図的な二項対立的な論理設定の中にこそ、ポストモダニズムが本来批判している恣意的なイデオロギーが内在しているのではないかというのが、エヴァンズの批判の根拠なのである。

過去の事実が認識できるのか、できないのかという議論への単純化は、現実に多くの人々によって受容されている合理的な事実認識への手続きを捨象し、そのことによってホロコーストの否定論のような議論が立論されうる（そしてまた恣意的なイデオロギーによってその存在を保証される）根拠となるのではないか、ということである。

第7節　ヴァーチュアルなリアリティ

以上に紹介したエヴァンズの指摘はウィンドシャトルの批判に比べれば、受け入れやすい。より限定的には、進歩的な歴史研究者には受け入れやすい。ジェンダーやエスニシティへの着目、周縁的なものへの配慮、テクスト解釈の相対性といった現在的な歴史研究への視点を取り入れているからである。それが一定程度ポストモダニズム的な思考の影響を受けたものであることを認めているからである。その点ではポストモダニズム的な歴史論への融和性を示している。

残念ながら、実際には融和は達成されていないというのが現状である。私は最初に紹介したロンドン大学の研究会でエヴァンズとキース・ジェンキンズが参加した会に同席したことがある。そこで見られたのは両者の間の激しいやり取りだった。ギンズブルグとホワイトが、同席した会合でしばしば激しいやり取りをしていることもよく知られている。非和解的な対立が続いている。どうしてそのようなことが起きているのだろう。おそらくエヴァンズと同様に伝統的な歴史研究者は、ポストモダニズム的な歴史論はその徹底した相対主義によって、歴史が拠って立ってきた基盤を根底から覆すのではないかと危惧しているのだろう。

しかし、覆されるのは歴史全体ではなく、一部の歴史、モダニティとナショナリティによって保護されてきた歴史であると私は考えている。モダニティが確立した原理に依拠することによって歴史研究者によって占有されてきた歴史、そして同時にホロコーストや南京虐殺事件の実在を否定するようなナショナリスティックな歴史であると私は考えている。

端的に言えば、ウィンドシャトルやエヴァンズの批判は、専門的な歴史研究者からの批判である。対してホワイトは、二〇〇八年に『リシンキングヒストリー』に掲載されたエヴァ・ドマンスカとのインタビューでもあらためて語っているように、

「私は歴史という学問を歴史化しているのです。・・・あらゆる人に異なった目的のために、異なったやり方で、過去についての知識を研究し、使用する権利があります。専門的歴史家は（近代という時期において）適正に『歴史的』な過去を研究する方法を見出したと主張してきました。・・・（歴史家は）権威ある立場を振りかざし、当然とみなす傾向があります。問題の権威は『科学』あるいは『科学的』であると主張されます。しかし、実際にはそれは素人を圧迫するためにもちだされる学問的歴史学・歴史叙述という制度の権威なのです」

という主張にその議論の根拠を置いている。

専門的な歴史研究者として大学の史学科に籍をおき続けてきた私がこの本を書いたのは、個人にとっての過去認識、ホワイトのここでの言葉を借りればあらゆる人がもつはずの、「異なった目的のために、異なったやり方で、過去についての知識を研究し、使用する権利」という問題を考えてみたかったから

である。

ホワイトの指摘をまつまでもなく、それを権利として自覚しているかはともかくとして、あらゆる人は過去についての知識を抱いている。記憶として、そして歴史として、である。基本的には自らが経験したものが記憶としてとどめられ、経験したことではない、かつ現在では観察しえないものが歴史として伝えられている。記憶はもちろんのこと、歴史も個人として考えれば、それぞれにおいて大きく異なる。置かれている空間的な場が異なるからである。そして普通の人々の過去認識に影響を与えているのは、現在では学問的な歴史にもとづいた事実をテクストとして編みこんだ歴史教科書だけではなく、むしろ幅広いサブカルチャーに存在する様々なかたちの歴史である。しかしそうした歴史は、専門的歴史研究者からは無視されることが多かった。たとえばその一つが、現在では圧倒的に多くの人々に影響を与えている映像的な歴史である。

映像的な歴史の出現は、人々の過去認識を大きく変えた。そのことは、映像的認識という手段がなかった時代の人々の過去認識との比較を考えると理解できる。そうした時代について残されている史料の多くは、基本的には文字的なテクストである。映像が出現する時代の前の過去は、テクストとしてのみ残され、現在では歴史家によってテクストとして記されている。

しかし、それがエクリチュールすなわち記されているものでしかないからといって、過去の時代の人がエクリチュールのみを媒体として当時の社会や過去を認識していたと考えるのは明らかに誤っている。第五章で野家の主張を借りて論じたように、記されたものはごく一部の人々が占有していたにすぎない。現在ではそれを示す史料がほとんど残されていないとはいえ、圧倒的に多くの人々は口伝えで、すなわちパロールで当時の社会や過去を認識していたからである。

したがって記された過去を過剰に評価するのは誤りである。膨大な過去全体から見れば、極小の部分でしかないからである。現在の最も優れた歴史家の一人であるピーター・バークは、『知識の社会史』と題された情報の文化史ともいうべき著作で興味深い事実を指摘している。それは中世までは、書き残された記録・書物はきわめて少なかったということである。この時期までに所蔵されていた書物の量は、せいぜいが修道院などの施設、あるいは高位の位階の人々の個人的蔵書に足りるものであって、数百冊、多くても数千冊程度であった。バークはこのように書物が稀少であった時代、すなわちテクストとして書き残されたものがきわめて稀少であった時代と、現在のようにインターネットが世界化し、流通する情報量が過剰ともいえるほど膨大な量に及んだ時代とでは、人々の文化的意識が大きく異なることを指摘している。過去認識もその例にもれない。

情報量の膨大化は、ヴァラエティーに富んだ情報を生み出し、人々の意識を拡散化した。ダニエル・ベルが『資本主義の文化的矛盾』で論じたような多様化が進み、人々はそうしたなかで自らの価値を選び取り、一見する限りでは自由に生きている。しかし、逆説的なことに、現代は情報を統御し、そのことによって人々の意識を共同化することが、ますます拡大している時代でもある。同じようにマクドナルドで食事をし、同じようにワールドカップに興じ、同じようなテレビ番組を見て、そして同じような対社会的意識を抱く人々がますます増加している。

こうした社会に対して飛躍的な情報量を含む映像は強い影響を与えている。なかでも映画とテレビの出現は決定的であった。映画やテレビが人々の文化的意識を変化させたことは議論するまでもない。しかし、意外なほど議論されていないのは過去認識に与えた影響である。映像的なものは、人々の過去認識を決定的に変化させた。言葉によって語られ、文字によって伝えられた、つまりテクストでしかなかった過去を、人々が再現画像のようにヴァーチュアルなリアリティとして認識し始めたからである。

考えてみよう。映像的な表象手段がなかった時代に、人々はテクストとして伝えられた過去を、現在の私たちと同じように、映像化されたもののように認識していたのだろうか。演劇や祭礼などの機会をとおして視覚的なかたちで再現された過去があったとしても、それはきわめて様式が限定された、しばしばデフォルメされたものであった。現在における映像を媒体とした過去の表象とは、質的にそして量的にも大きく異なるものであった。再現映像を見ているように過去をヴァーチュアルなものとして想像できるのは、想像しているのは、おそらくは映像的なものに親しむようになった現代に生きる人々の、人類の歴史では初めての「特異」な体験なのである。

パラドキシカルなことに、テクストでしかない専門書や教科書を読みながら、私たちはなぜかそこに再現映像のようなヴァーチュアルな過去を想像している。さらには「目撃」している。そのことが、私たちにテクストが過去の「事実」を伝えるものであるという錯覚を生じさせている。歴史研究者の書く文章が映像的なイメージを交えた事実として受け入れられているとしたら、それは人々の錯覚に依存している部分が少なくない。

ホワイトが、歴史家の書く歴史がなお文学との共通性を持ったテクストに過ぎないと論じた理由は、この節の冒頭の引用にもうかがえるようなサブカルチャーをとおして普通の人々が抱いている歴史をむしろ肯定的に考えようとしたためだと私は考えている。ホワイトの言葉を借りれば映像の出現は、一九世紀には考えられなかった、二〇世紀に出現したまさにモダニストイヴェントである。映像は私たちの文化の様式を大きく変えた。ニュース番組を見ればわかるように、自らが直接経験するわけではない膨大な情報が映像をとおして伝えられている。なによりも現実に起きた出来事を「忠実」に表象するものとして、事実性をもって伝えられている。現在の社会に生きる人で、文字として記されたテクストで主として構成された新聞の方が事実を正確に伝えると論じる人がどれだけいるだろうか。いるとしても、その根拠は事実の直写性ではなく、「説明」や「解釈」の正しさだろう。

そう考えた時、いくつかの問いが生じる。なぜ歴史家は過去を映像で表象しないのだろうか。なぜ歴史研究者は論文の執筆のみをその仕事とし、歴史を映写しないのだろうか。映像による表象化のほうが過去の事実により近似的なはずなのに、事実性を重んじる歴史研究者はなぜそのことを怠っているのだろうか。逆に歴史研究者はなぜ映し出された過去を、たとえば歴史映画を事実ではないと断言し、なぜ文字で記されたテクストのみが過去の事実を忠実に表象するものであると主張するのだろうか、という問いである。

ホワイトの批判はこうした問いにもとづくものである。近代社会の進展が進むにつれて出現してきた芸術や科学における様々な新しい様式、映像文化もその一つだが、そうしたモダニストイヴェントの中には対象世界への認識をより豊かなものとするものが数多くある。にもかかわらず、そうしたものを取り入れようとしない閉鎖的な思考、それが学問という外皮をまとって、しばしば特定の枠組みに保護されて権威的なかたちで存在しているのではないかということが、ホワイトが一貫して論じていることである。ホワイトは『メタヒストリー』において、一九世紀的な歴史には文学的要素が内在しているとする批判を行ったが、ホワイトの批判が本当に向けられているのは、科学や芸術が生み出した革新的な内容を取り入れることの少ない現在の歴史学なのである。

第8節　サブカルチャーのなかの過去

二〇一〇年の『思想』のヘイドン・ホワイト特集号に訳出紹介されたエヴァ・ドマンスカとの最初のインタビューで、ホワイトはこう語っている。

「専門的歴史研究者たちは、最近『アメリカ歴史学雑誌』が歴史映画の批評を行なうべきかどうかを問う会合を行ないました。長年の間、『アメリカ歴史学雑誌』に歴史映画の批評を取り入れようとする試みが合衆国の歴史研究者によって行われてきましたが、結論として彼らが主張してきたのは、『行なわない。フィルムの上に歴史を再現表象することはできないのだから』ということでした。歴史は書かれるべきものであり、映し出されることはできないというこうした考えを、『アメリカ歴史学雑誌』がドグマとして批判するにいたったのを見るのはとても興味深いことです。それがとりわけ興味深いのは、物語というかたちで書かれている歴史というのは、とりわけ視覚的なイメージのようなものを作り出す試みでもあるからです。それゆえ私は、視覚的なメディアと言語的なメディアの関係をめぐる議論は、多くの学問分野にまたがって議論されている大きな、重要な問題であると考えています。」（七一～二頁）

最近とあるように、ここでふれられている『アメリカ歴史学雑誌』での試みは、インタビューが行われた一九九三年の五年ほど前の一九八八年に行われたものである。その際にホワイトとともに大きな役割を果たしたのが、後に *Visions of the Past: the Challenge of Film to Our Idea of History* (1995)、*History on Film, Film on History* (2006) といった著作をとおして映像と歴史の問題についての先駆的な議論を展開するロバート・ローゼンストーンである。

ローゼンストーンの経歴や彼が議論した内容については、拙著『開かれた歴史へ―脱構築のかなたにあるもの』で詳しく紹介されている。また『歴史を射つ―言語論的転回・文化史・パブリックヒストリー・ナショナルヒストリー』という編著で、その歴史と映画をめぐる論文が訳出されている。この本との関連では、ローゼンストーンについてあらためて指摘すべきは、彼が歴史をめぐる試論的な議論を多く集めた『リシンキングヒストリー』(一九九七〜) の創立編集者として、脱構築論的な歴史論の積極的な紹介に努めた研究者であるということである。

このことが示すのは、歴史と映像という問題と歴史の脱構築論の関わりである。事実デリダやバルト、そしてボードリヤールといったフランスの脱構築論的な思想家にも、映像への強い関心をうかがうことができる。

ロシア革命の目撃記として知られる『世界を揺るがした十日間』を執筆したジョン・リード、ならびにスペイン内乱に参加したアメリカ人義勇兵についての実証的な研究者であったローゼンストーンが映像と歴史という問題に関心を示すようになった理由は、自らが記したリードやスペイン内乱についての研究が、前者は劇映画として、後者はドキュメンタリーとしてそれぞれ映像化され、その作業に自らも関与したことであった。記された歴史が映し出されるものになるという経験が、映像と歴史という問題に彼が関心を抱いたきっかけだった。

ローゼンストーンもまたそのことを認めているように、多くの歴史家と同様に歴史が映し出されることに彼が最初に抱いた印象は、それが史料として残されていないもの、たとえば劇映画であれば登場人物の具体的な会話とか、その時の詳細な様子、さらには様々な人物、たとえば通行人といったものをも画面に登場させることである。それらは絶対的な史料的根拠によるものではなく、個々の場面をヴァーチュアルなリアリティとして成り立たせるための不可欠な要素として、想像によって構成されたものである。想像を具象化したものである。

このことは歴史に関するいくつかの重要なことを彼に教えた。一つは、想像的な要素は歴史小説にはもちろんのこと、実証にもとづくとされる歴史研究書や論文にも内在しているということである。記された歴史をヴァーチュアルなものとして構成していくためには、多くの想像的要素を取り込むことが必要だからである。

このこととも関連するがもう一つのことは、既にふれたところとも重なるが、想像力によって構成された過去への理解が、人々によって常識的なものとして受け入れられていることである。さらに重要なことは、既にふれたような残された史料以外のものから構成される（映像的技術が存在しなかった一九世紀時代の歴史を映像化しようとすれば、そのほとんどは史料から直写的なものとして得たものではなく、何らかのかたちの想像にもとづいて構成したものとならざるをえない）過去が、真実としての訴求力を見る人に与えていることである。

ローゼンストーンはこうした真実を、「比喩的真実」（metaphoric truth）と呼んだ。おそらくそれは、彼が画面上の過去は記された過去と同様の、あるいはそれ以上の真実性を含むと考えたからである。歴史を作り手、つまり彼自身がそうであったように専門的研究者の立場からではなく、受け手、つまり一般の人の立場、この場合は観客であるが、そうした立場から見ると、映し出された過去は過去の真実を伝えるものとして理解されてよいとローゼンストーンは考えたのである。彼が実証的な研究者という立場から、歴史と映像という問題の理論的考察者となったのはそのためだったのだろう。

ローゼンストーン同様にサブカルチャーにある歴史に関心を寄せる専門的研究者は、最近では着実に増加している。ナタリー・デイヴィスやピーター・バークといった現在を代表する歴史家も、近年は映像を歴史研究の重要なテーマとして取り上げている。『過去は死なない』で現代社会における歴史の多様なあり方を論じ、歴史をきわめて柔軟な視点から捉えたテッサ・モーリス＝スズキもまた、歴史とサブカルチャーの関係を論じている歴史家である。

親から聞かされたこと、写真、歴史小説、ニュース映像、漫画、そしてインターネットなどの電子メディア、モーリス＝スズキの言葉によれば、そうした無数の断片の入った万華鏡をくるくる回しながら人々は歴史を見ている。こうした多面的な視点からの歴史へのアプローチの根拠にあるのは、歴史を自己の経験の中から考察していく姿勢である。つまり受容者という立場から歴史は捉えなおされている。

しかし、彼女は歴史を徹底的に個人的なものへと断片化しているわけではない。というのは近代社会や国民国家によって、あるいはメディアの発達によって人々を凝集させていく力が強固なものとなった時代においては、大きな物語と個人の行為を結び合わせるものとして歴史は語られるようになっている、と彼女は考えるからである。

一九世紀に大きく発展した近代小説（歴史小説はその一つの重要な要素だった）は、社会や国家の流れを総体的なものとして描き、その中に個々の人々の生を位置づけた。教科書に記された歴史は、人類や国家の歴史との関わりから個々の人々の生き方への指針を与えるものだった。歴史映画は、それが寡占的なものとして、きわめて膨大な観客に対して作られるという意味で、しばしば画一的な過去への認識を人々の間に生み出した。写真もまた家族の歴史を作り出し、個々の人々はアルバムに編集された家族の歴史に自らをアイデンティファイするものを見出した。さらにニュース映像、漫画、そしてインターネットといった訴求力の高い媒体は、しばしば人々の過去に対する認識を共同化するという役割を果たしてきた。

メディアの発達によってディテイルまで描き出された過去は、大きな物語を構成するものであると同時に、個々もまた詳細に描き出すことをとおして、全体と個を結びつける役割を果たすようになった。歴史は多様なものとしても、全体的なものとしても、描き出され認識されるようになった。

そのことをモーリス＝スズキは

「二一世紀においては、過去についてのわたしたちの知識は、さまざまなメディアの力と、その到達範囲の不均衡によって、そうしたメディアへのアクセスについての異なる集団のあいだの不平等によって、大きく影響されている。政治的・経済的な力が、歴史的想像力の風景を形成する能力に変わるのである。出版活動の経済学と漫画のコミュニケーション・コードとが、日本の近過去における主要な出来事についての知識への日本人のアクセスに決定的な影響力を及ぼしてきた。ハリウッドの世界的な波及力のために、過去の特定のイメージが世界中に輸出され、世界の歴史の構造と意味についての認識を気づかないうちにつくられてしまっている人たちがたくさんいる。・・・

インターネットのような新たなメディアの出現には、現行の知識の独占状態を克服する新しい道を拓く可能性もある。同時に、歴史についての特定の見解の批判的吟味を回避しようと、法の後ろ盾を得た知識を私有化する動きもますます進んでいる。歴史の教育と研究は、世界的に進んでいる高等教育の私有化の傾向による重圧をひしひしとうけているのである」（前掲書、二九四～五頁）という言葉で表現している。

このようにサブカルチャーを媒体とした歴史は、個人からの歴史を醸成するという点で望ましいものである一方、同時に共通の価値へと人々を強制するという点で、新しい問題を生み出している。歴史を伝えるメディアの変化は、私たちの歴史意識に大きな関わりがある。しばしば国民国家によって保護された歴史学をハイアラーキーの中心に据えることによって作り出されてきた、そうであるがゆえにナショナリスティックな統合的な歴史は、たとえば教科書をとおしての歴史は、現在では歴史を伝えるものの多様化によって、その影響力を後退させているかもしれない。

しかし、私たちが留意しなければならないことは、たとえばハリウッド製の映画には、あるいはテレビといった集中度の高いメディアには、きわめて不均衡な関係を作り手と受け手の間に作り出すという側面があることである。こうした関係は、かつての学問的な、あるいは教育によって伝えられる歴史が生み出していた以上に不平等な関係を作り出している。そのことがますます人々の歴史意識を統合的なものに、つまりナショナリティに大きく左右された、さらには西洋中心主義的なものに、つまりモダニティにその根拠を置くものとしていることを、私たちは忘れてはならない。

第9節　統合への疑問

この章ではポストモダニズムに対する専門的な歴史研究の側からの批判を紹介し、それに対するポストモダニズム的な歴史論の意味を、フィクションや映像的な歴史、サブカルチャーとの関係から論じた。ポストモダニズムの側に立つ議論は、普通の個人個人から歴史を見るという視点に立ち、専門的な歴史の一面性を批判し、過去認識の多様性を論じている。しかし、留意すべきは、専門的な歴史と同様にサブカルチャーが醸成する歴史にも、人々の過去認識を統合化していく側面のあることである。

二〇世紀後半のポストモダニズムが一定の影響力を確立した時代は、現実の世界にある多元性が認識されるようになった一方で、それとは裏腹にグローバル化による統合が急速に進行した時代でもある。そうした矛盾は、この本でも論じられてきたように、一方では記憶の集合化が論じられ、他方では歴史の個人化が主張されるようになったことにも反映されている。しかし、人々の過去認識というレヴェルで論じるならば、歴史は歴史的には必ずしも集合的であったわけではない。

考えてみれば当たり前である。現在のように情報を広い地域に瞬時的に伝達する媒体が存在しなかった時代に、共通の認識を生み出すことはきわめて困難であった。識字率がそもそも半分にも及ばなかった時代に、さらにはテクスト化された文章を読む能力のある人々がきわめて限られていた時代に、テクストに記された過去認識を共通して抱く人は限られた特定のエリートだけであった。多くの人々は、さほどのまとまりのない個別的な地域で暮らしていた。人々の過去認識はたとえ共通化されていたとしても、家族や小さな村落、あるいはせいぜい氏族集団を単位とするものであった。例外としてメガ宗教が作り出していた共同化された過去認識があったかもしれない。しかし、それは現在では多くの歴史研究者が神話として規定するものでしかなかった。

過去認識が変容し、高い共同性をもつようになったのは、当初は印刷物にその多くを拠っていたが、近代国民国家の形成と相補的にベネディクト・アンダーソンが指摘するところの「想像の共同体」が成立したためである。そしてその過程で歴史は、共同体を意味づけるための「伝統」を発明するという重要な役割を課せられた。近代国民国家はナショナリズムを媒介として、政治的にだけではなく、経済的にも文化的にも、人々への強制力を強めた。とりわけ義務教育制度は、多くの国で進められた言語の共同化・統一化とともに、「国民」の形成に重要な役割を果たした。

その国民の形成において重要な役割を果たしたのは、教科書に記されたストーリーをとおして教え込まれた共同の歴史であった。歴史はしばしば「国民」が共有すべき「国史」、ナショナルヒストリー、となった。そのようなかたちで共同化された歴史は、一般の「国民」の間にばかりではなく、専門的な研究者にとっても自明の前提として受け入れられがちだった。というより大学などに配置された専門的歴史研究者は、それを補佐するにあたって大きな役割を果たした。

そのことは日本史（かつては文字通り国史であったが）を例にとっても議論できる。日本史もまたこのようなかたちで世界各地で形成されたナショナルヒストリーの一つである。日本史は、日本が近代国民国家として形成されるに伴って、そうした場での通有化をはかるべく共通化・画一化された「日本語」を媒体とし、そのような「日本語」を通有するものとして鋳出されてきた「日本人」を対象とする特有の歴史である。「日本」とか「日本人」「日本語」というものは、歴史的に不変の固定的な実体ではない。逆に、「日本」を実体化するために「日本人」に対して「日本語」で書かれてきたものが、「日本史」なのである。

ここでもう一つ問題とすべきは、ナショナルヒストリーに限らず歴史研究一般が、モダニティによって支えられたということである。経済的には資本主義、政治的には民主主義、そしてイデオロギー的には科学主義や合理主義をその中心的枠組みとしたモダニティは、多くの社会のあり方を、過去の社会のあり方とは峻別する思想的根拠を提供した。近代歴史学はモダニティが根拠とした科学主義や合理主義を背景に置いた。このことが専門的歴史研究を閉鎖的なものとした。様々な角度から論じてきたように、ポストモダニズム的な歴史論が批判したのは、そうした歴史にある個人の知を抑制する権威主義的な閉鎖性であった。

批判の根拠を個々人の過去認識にある多様性に置き、歴史の相対性を強く主張したからといって、ポストモダニズム的な歴史論が、非合理で無責任な議論であり、歴史研究を全面的に否定するものであるという批判は一面的である。むしろポストモダニズム的な歴史論は、実際的な歴史研究、そして歴史理論においても豊かな可能性を提示するものであったと私は考えている。それでは現在どのようなことが歴史の可能性として論じられているのだろうか。その一部は既に紹介したが、次の章では今後注目されてよいいくつかの流れを紹介しながら、結論的にそのことを論じていこう。

第7章　私たちの歴史、私の歴史

第1節　ファミリーヒストリー

ポストモダニズム的な歴史論の影響を受けた歴史研究はけっして少なくはない。その代表的なものは、ジェンダー史とポストコロニアルな歴史研究である。これらの領域については、代表的な著作であるジョーン・スコットの『ジェンダーと歴史学』、エドワード・サイードの『オリエンタリズム』をはじめとする多くの著作が日本でも訳出されてきた。また言語論的転回が実際的な歴史研究にどのような方法的転回をもたらしたかについては、既に長谷川貴彦による『現代歴史学への展望―言語論的転回を超えて』という優れた整理が刊行されている。同じく長谷川貴彦が訳出したリン・ハントの『グローバル時代の歴史学』は、批判的なかたちではあるがポストモダニズム以降の歴史研究の理論的状況を要領よく整理している。詳しい議論はそれらに譲り、ここではこれまでは歴史とされるものの中では中心には置かれていなかった、とりわけ学問的な歴史からはその外部に置かれていたいくつかの歴史へのアプローチについて説明を加えていきたい。

まず取り上げるのはファミリーヒストリーである。簡潔に言えば家系図づくりである。イギリスの公共図書館で出会うのは、専門的歴史研究者でなく、ファミリーヒストリー作りをしている人が圧倒的に多い。多くが個人的関心からその作業に従事している。したがって当然のことのように、ファミリーヒストリーは歴史のハイアラーキーにおいては下位に置かれてきた。個人を単位とした趣味的なものとして扱われ、学問的な歴史においては真剣な議論の対象となることは少なかった。ある時私はイギリスの歴史研究者から、日本における代表的なファミリーヒストリーの研究者を紹介してほしいという依頼を受けた。インターネットを検索しても、該当する研究者を見つけることは難しかった。

しかし、なぜそうなのだろう。個人を起点とした歴史はなぜ軽視されてきたのだろうか。おそらくは、歴史がナショナリティによって支えられてきたからである。個人に歴史の起点をおけば、ナショナリティを単位とした歴史の奇妙さが理解されることになってしまうからである。

領土問題を取り上げてそのことを考えてみよう。保守的な「愛国」主義の立場からは、領土問題を歴史教科書に掲載することの重要さが主張される。領土権への主張には「歴史的根拠」があると彼らは考えるからである。しかし、この主張は現在領土とされる地域に住む一人一人を単位として考えるとかなり薄弱である。

個人個人を単位としてこの問題を考えてみよう。一人一人の祖先が歴史的にどの地域に居住していたかを考えてみる。地図の上に一人一人のそれぞれの祖先が居住していた場所を針で刺していく。現在の領土とされるところにのみ針が刺される人がいるかもしれない。しかし、現在の日本ではまばらではあるかもしれないが、アジアの諸地域や、欧米や、さらにはアフリカに針が刺される人がいる。一世代前の親のどちらかが外国人であれば、当然半分の針は日本以外の場所に刺される。時代が遡行すればするほど祖先は多元化し、針が刺される地域はさらに広がる。しかし、教科書に掲載されるべき領土問題とされる地域、たとえば尖閣諸島や南千島列島に針が刺される人はどれだけいるだろうか。

このように個人を単位として歴史を考えれば、領土問題を歴史教科書に掲載すべきだという主張は、現在の国家を構成している諸個人に起因する「歴史的」なものではなく、特定の領域を占有するかたちで形成された国家が、「周辺的」な地域に対しての権利を主張しているという、政治的な枠組みに起因する「現在的」な政治的主張にすぎないことを理解できる。既に紹介した言葉をもちいれば、過去の事実を正確に反映したジェネティックな歴史観ではなく、現在から過去を恣意的に選び取って説明するジェネアロジカルな歴史観である。ナショナリティを単位とした歴史意識は、過去に根拠を置いているというより、むしろ現在にその根拠を置いている。

このことは、異なる出自をもつ両親から生まれた人々の視点から考えれば容易に理解できる。なぜそうした人々は、彼・彼女たちが現在「居住」する国の歴史だけを学び、彼らの両親のいずれかが、あるいは祖父母のいずれかが、あるいはそれ以上に遡れば、様々な人々が様々な地域で生きていた事実を「歴史として」知ることができないのだろうか。彼・彼女たちが自らのアイデンティティの関わりで認識すべきは、今生活している地域の歴史だけではなく、自らの祖先の一人一人がどういう場所で、どのような生き方をしていたかのという歴史のはずである。

そのことは、今東京に住む人にとって必要なのは、東京の地方史ではなく、故郷の歴史であり、彼・彼女たちの両親や祖父母、さらにはそれを遡る祖先たちの由来であるということからも理解できる。移住者の子孫たちであるアメリカ人にとって求められる一三世紀の歴史が、その時代の北アメリカ大陸という地域の歴史にはとどまらないことからも理解できる。自らのアイデンティティを確認することが過去を認識することの一つの意味であるとすれば、一人一人の祖先をたどることこそ目的とするところに合致する。そうした歴史は、現住する地域についての空間的歴史、そうした空間を領域的に支配する国家が人々に共同化を迫るものとは明らかに異なる。

このように考えるとファミリーヒストリーがナショナリティに支えられた歴史学の外に置かれていた理由を理解できる。ファミリーヒストリーは事実性に根拠を置かないがゆえに近代歴史学の外部に置かれていたわけではない。よく考えれば、事実性という点では自分が日常的に接触している両親や祖父母、そして自分にとっての直接の祖先の方が、同じ時代に生きた偉人たちに対する知識よりも正確なことが理解できるはずである。ヒトラーについての知識よりも、ほぼ同じ年に生まれた祖父母に対する私の知識が、事実認識という点でははるかに優れている。

そうした認識が歴史から除外されているのは、歴史というかたちをとる過去認識が共同性を単位として、あえて言えば「空想的」に構成されているからである。個人を基礎とした「確実」な過去認識を排除しているからである。ナショナリティという枠組みに保護された専門的研究者による学問的な歴史は、そのような位階制度にもとづいていた。そのことがファミリーヒストリーをその外部に置いてきた一つの理由である。

しかし、ファミリーヒストリーを専門的な歴史研究の内部に置こうとする試みも行われている。その一つの例が、イギリスのフェミニスト歴史家キャロライン・スティードマンが試みた自分の直接の母親を対象として、彼女からの聞き取りをとおして典型的な労働者階級出身の女性が保守主義者へと転じていく過程を描いた *Landscape for a Good Woman*（1986）である。彼女自身もそのメンバーの一員だが、こうした試みは普通の人々やその周辺の歴史を普通の人々が描き出すというヒストリーワークショップ運動などをとおして進められている。また歴史と映像についての先駆的な理論を展開したロバート・ローゼンストーンも、*The Man Who Swam into History*（2005）という自伝的著作をとおして自分の家族を単位とした歴史を記述することを試みている。

このような試みが学問的な歴史の場において定着していくかは今後に委ねられるが、そのような試みが行われるようになったことは、個人個人を単位としたアプローチが歴史研究にとっても有意味なものであるとする考えが受け入れられるようになったことを意味している。普通の人それぞれが自らに関わりのある過去を認識していく作業が、本来的な歴史の意味であったかもしれないからである。

第2節　パブリックヒストリー

ファミリーヒストリーと同じく普通の人々の歴史に着目する流れの一つが、パブリックヒストリーである。パブリックな場における歴史への関心は早くから存在していたと言えるが、近年はそうした場にある歴史についての研究を国際的に統合することが試みられている。その代表が「パブリックヒストリーのための国際連盟」（The International Federation for Public History ― IFPH）である。この組織は二〇一〇年代になって本格的な組織化が進み、二〇一六年にはボゴタで、二〇一七年にはラヴェンナでそれぞれ三百名近くの参加者を集めた本格的な国際会議を開催している。また最近ではこの組織に参加した研究者によって相次いで入門書的な著作や本格的なアンソロジーが刊行され、パブリックヒストリーという考え方は広く国際的に注目されるようになった。

議論にまだ未整備なところがあるが、パブリックヒストリーは基本的にはパブリックに対する歴史、つまり一般の人々に向けられた歴史、そして一般の人々の間にある歴史である。歴史教育や博物館における展示、記念建造物、歴史遺産さらには様々のメディア、そのなかには映画や漫画といったサブカルチャーも含まれるが、それらのメディアをとおして、あるいは人々の日常にある伝承、習慣、遺物などをとおして、一般の人々に伝えられる歴史であり、同時にそうしたものを手掛かりとして一般の人々が自らの間に作り出している歴史である。さらには最近ではインターネットなどのデジタルメディアを媒体とした歴史が含まれる。

このうち学校教育をとおしての歴史はこれまでも随分と議論され、独自の研究対象領域として既に確立されている。これをパブリックヒストリーに含めるかには多少の議論がある。教育機関をとおしての歴史をパブリックヒストリーに含めるかについて意見が分かれるのは、歴史教育には公的な機関を通じての歴史の統合という側面が強く、パブリックの側の一定の自律性をパブリックヒストリーの重要な要素と考える立場からは、疑問があるからだろう。しかし、歴史教育がなお普通の人々の歴史意識に大きな影響を与えていることは否定しえないという点で、教育をとおしての歴史は広義ではパブリックヒストリーに含められてもよいかもしれない。

博物館、記念建造物、遺産をとおしての歴史は、近年はパブリックヒストリーの重要な要素を構成するものとしてさかんに議論されている。パブリックヒストリーの中心的課題と言ってもよい。大きな理由は、こうした場で館員、施設員の仕事に従事する歴史研究者が少なくはないからである。前述の国際会議の参加者にはそうした人々が少なくなかった。博物館、記念建造物、遺産に関して言えることは、そのヴァリエーションである。ナショナルなものを枠組みとするもの、リージョナルな、ローカルな場を枠組みとするもの、さらには個人的なものにいたるまで、その内容は多様である。

しかし一般的には、ナショナルな、リージョナルな、ローカルな枠組みによって建築あるいは保存されたものは、基本的にはコメモレーションを構築し、保存していくことを意図している。意図されているのは、歴史認識の共同化である。問題は、博物館、記念建造物、遺産の建造や維持に一定のコストがかかることである。建造や維持のためのコスト負担を引き受ける組織体が、ある種のイデオロギー装置として設置する場合も少なくない。もともと博物館、記念建造物、遺産に関しては、展示する側とその観客の間が一方的になりやすいという側面もあって、パブリックの側からの歴史に対する主体的なアプローチと全面的に見なすのは難しいかもしれない。

同じくパブリックヒストリーの領域であるとされる大衆文化、サブカルチャーの中の歴史、すなわち小説、映画、テレビ、漫画などのメディアを媒介とした歴史にも、ある意図をもってそれを制作する製作者が存在することは事実であり、強制性やイデオロギー性が含まれることも確かだが、同時にその受け手との関係には相対的には任意性がある。作品は市場へと投げ出され、受け手はそれを商品として選択するという側面があるからである。パブリックヒストリーに関心を寄せる歴史研究者の一人であるジェローム・デ・グルートは、このようなかたちで人々に対して投げ出される歴史を「消費される歴史」と呼んでいる。

こうした歴史は消費されるための適合的な形態をとる。歴史は商品として広く受け入れられるために、人々の日常にある感覚をふまえた形式をとる。事実とフィクションがないまぜにされるのもそのためである。圧倒的多くの人々にとっての過去とは、歴史研究者が自らの限定的な専門的領域に関して主張するような厳密な検証を経たものではなく、教科書などをとおして教えられた概説的知識の上に、人々の日常的文化にある様々な要素を付け加えるかたちで構築されたものだからである。

インターネット空間においてデジタル化されているかたちで伝えられる歴史はさらに多元的である。その多元性は既にピーター・バークの議論として紹介したような情報量の膨大さに起因する。多くの人が経験するように、インターネット空間は膨大な情報が飛び交うアナーキーな空間である。

インターネット空間にある情報のあり方についてジェローム・デ・グルートは、エミルタージュ美術館を題材としてロシア史への寓意をこめて制作された『エルミタージュ幻想』という映画を例にとって興味深い分析を行っている。それはネット空間に書き込まれる批評の圧倒的多くが、専門的な映画評論家やロシア史研究者がこの映画から見出すことができたこの映画の革新的な手法や、そうした革新的手法を媒介として映画に込めたロシア史への寓意を理解することができず、きわめて「的外れ」な批評をしていることである。

おそらくこの問題は、多くの専門的な歴史研究とネット空間の関係についても言えるだろう。たとえばこの本で取り上げたホロコーストや南京虐殺事件への理解は、ネット空間ではおよそ的外れなかたちで議論されている。そのことを指摘したこの本も、もしネット空間で取り上げられることがあれば、的外れな批評にさらされるはずである。

このような点からは、歴史をパブリックな場に委ねることには批判があるかもしれない。しかし、単著のホワイト論としてはヘルマン・パウルの『ヘイドン・ホワイト』とならんで評価されてよい著作を書いたカレ・ピヒライネンは、ナンシー・パートナーとサラ・フットが現代の歴史論を幅広く集めて編集・刊行した *The Sage Handbook of Historical Theory* (2013) に寄せた 'The Work of Hayden White' と題された論文の「歴史はパブリックに進む」(history goes public) とする後半の部分で、パブリックヒストリー、視覚的形式、読み手、実用的目的などに着目することが、客観的実在を根拠に現実への批判的意識を失った学問的歴史を越えていく道であるとし、そのことによって「歴史は単に読者に対してではなく、読者とコミュニケートし始めるだろうし、そしてその意味で (権威としての) 著者はまさしく消え去るだろう」と論じている。歴史研究者が歴史を独占すべきではなく、読者とされてきた人々との対話をとおして、つまりパブリックな空間で営まれることによって、歴史はより豊かなものとなるだろうという主張である。

また既に紹介した保苅実も、

「僕がずっと考えていたこと、注意していたことがあります。それは、『歴史家』は誰かという問題でした。つまり僕たち歴史学者がインフォーマント〔情報提供者〕の話を聞くのではなくて、むしろ、インフォーマント自身を歴史家とみなしたら、かれらはどんな歴史実践をしているのだろう、というふうに考えたわけです。僕は僕で歴史学者ですれけども、かれらはかれらで歴史家であると。そういうふうに発想をかえてみると、歴史はどんなふうにみえて来るでしょうか。このあたりが、さしあたりの出発点です。」（前掲書、一二頁）

とも書いている。

確かにパブリックな場に歴史を委ねることは、近代歴史学とは齟齬するかもしれない。しかし、ピヒライネンや保苅が主張するように、パブリックな場の歴史には普通の人々の視点から歴史を考えるという大きな利点がある。それはファミリーヒストリー同様に、普通の人々が関心から、歴史の問題を考えなおさせるものだからである。

第3節　ビッグヒストリー

パブリックヒストリー同様に学問的な歴史の外に長く置かれていたが、近年急速に関心を集め、研究の国際化が進められているのが、ビッグヒストリーである。ビッグヒストリーは、文字通り大きな歴史である。近年のビッグヒストリーの代表的論者として知られるのは、本来はロシア史研究者であったデヴィッド・クリスチャンである。彼が同じくビッグヒストリーの推進者であるクレイグ・ベンジャミンらとともに刊行した著作『ビッグヒストリー』は「宇宙開闢から一三八億年の『人間』史」というサブタイトルを付され翻訳された。同様の視点に立つクリストファー・ロイドの著作もまた、日本語版においては『一三七億年の物語』というタイトルが採用されている。こうしたタイトルから、あるいはそれぞれの内容からも理解できるように、ビッグヒストリーは、かつての歴史がそうであったように、人類の出現、文明の形成、あるいは文字の形成を歴史の起点とはせず、より大きな空間的、時間的なパースペクティヴから歴史を理解しようとするものである。

こうした歴史へのアプローチは、事件の継起を中心とした、あるいは概念的理解を先行させた従来の世界史への批判として生じた。その試みをいち早く導入した人物として知られるのは、『疫病と世界史』を書いたウィリアム・マクニールである。タイトルが示すようにマクニールは、他の生命体、具体的には病原菌が、たとえば中世におけるペストの大発生、あるいは新大陸にそれが持ち込まれたことによる大量の先住民の死亡、という大きな変動を歴史に生じさせたという事例を取り上げ、他の生命体と人間との関わりが歴史に与えた影響を論じた。この視点をさらに明解なものとした『世界史』という著作は、世界的なベストセラーとなり、同じ視点から世界史を論じる本が次々と出版されるようになった。同じくベストセラーになったジャレド・ダイアモンドの『銃・病原菌・鉄』などがその代表的な例である。さらにはよりラディカルな視点から人類史を論じ、現在世界的なベストセラーとなっているのが、ユヴァル・ハラリの『サピエンス全史』である。

これらには共通した枠組みがある。コスモロジカルな、エコロジカルな視点である。本来は地球環境や他の生命体との有機的関連の中で生じたはずの人類が、文明の形成、とりわけ一八世紀以降の資本主義的な工業化にともなって、地球環境や他の生命体との関係を一変させてしまったことへの批判意識である。人類を中心とせず、人類を環境や他の生命体との関係の中に位置づけていくという視点である。たとえばマクニールやダイアモンドは病原体という微小な生命体が、実は人類の歴史を左右してきたことを興味深く論じている。ハラリもまた特定の植物の栽培化、特別の動物の家畜化が、さらには資本主義の発展によるその世界商品化が、人類のみならず他の生命体のあり方を一変させてしまったことを、批判的に論じている。ハラリの著作はさらには、二〇世紀の後半以降急速に進展した情報工学や生命工学の飛躍的な発展が、人類のあり方自体にも根本的な変化をもたらすであろうということを、人工知能の発展や生命工学の発展による遺伝子操作、そのことによる人類社会のあり方の劇的変化と関連させて論じている点でもきわめて興味深い。

コスモロジカルなエコロジカルな視点、情報工学や生命工学への関心に示されるように、ビッグヒストリーは自然科学とも学際的に結びついている。たとえばビッグヒストリー論者の多くが取り入れるようになっている「人新世」(Anthropocene)という考えは、二〇〇〇年に大気科学者のパウル・クルッツェンによる主張、人類が生み出した文化が地球環境の劇的な変化の誘因であったとし、従来の地球地質学が行ってきた時期区分に匹敵するような変化が地球上に生じているとした主張にもとづいている。人類と地球という枠組みからの、自然科学的認識をふまえての歴史へのアプローチである。そしてここには、人類中心主義や、現代社会のあり方への批判的な問題意識がある。

教室で従来通りの世界史の授業とこうしたビッグヒストリーの授業を受けるとすると、どちらがより印象深いだろうか。あるいはそのなかに歴史を学ぶことの意味を見出すことができるだろうか。容易に気づくことは、国家存亡の歴史がなおその記述において一定の役割を果たしているこれまでの世界史のあり方と比較して、ビッグヒストリーではそうした問題は後景化していることである。ナショナリティを媒体としてではなく、無限大の宇宙の中で与えられた生命を個々人がどう考えるべきかという視座から歴史が論じられている。無批判的に礼賛されがちであったモダニティもまた後景化し、モダニティが生み出してきた人間中心主義的な思考からではなく、宇宙全体の中の地球、そして地球に生きる他の生命体やそれを支える地球環境やエコロジーといった問題から歴史が論じられている。

ビッグヒストリーという視点から書かれたいくつかの著作が世界的なベストセラーになったのは、そうした視点が人々の過去への一つの関心のあり方に応えるものであったからだろう、歴史が従来しばしばそう考えられがちであったように、偏狭な集団への帰属性や自らを生み出した時代への安易な忠誠をとおして論じられるものではないとしたら、ビッグヒストリーへの関心が生じたのもまた当然のことなのである。

第4節　コンピューター時代の歴史

ここまでこの章では、ファミリーヒストリー、パブリックヒストリー、ビッグヒストリーという近年注目を浴びている歴史へのアプローチを簡単に紹介してきた。これらの歴史は、細分化された個別的な実証を重んじてきた学問的歴史とは異なる側面がある。やや視点は異なるが、同じように細分化された個別的な実証をますます強める傾向にある学問的歴史への批判を提示して大きな反響を呼んだのがデイヴィッド・アーミテイジとジョー・グルディの『これが歴史だ！』である。この著作はインターネットをとおして誰でもがアクセスできる、そして読者間との応答を可能とした刊行形態をとったことでも、大きな注目を集めた。

刊行形態に端的に示されるように、この著作が重点的に論じたことの一つは、歴史とインターネット空間との関わりである。小型のパソコンが一般化し、多くの人々にとって情報へのフリーアクセスを可能とするものとなったのは、一九九〇年代からである。それが本格化したのは二一世紀の始まりの二〇〇〇年くらいからだった。

この本の最初にも書いたように、私は二〇〇〇年にイギリスに滞在していた。研究員として所属していたマンチェスター大学は、コンピュータシステムの導入に最も積極的な大学であった。持参した小型パソコンは私の研究に大きな助けとなった。歴史に限らず多くの分野の専門的研究者は、この時期がパソコン使用への決定的な転換期であったことを記憶しているだろう。パソコンの利用は、歴史研究にも大きな影響を与えた。その一つは、さらなる個別的な実証化が進んだことである。パソコンによって細かいデータの利用がさらに促進され、研究はさらに細分化された。限定された地域、限定された時間がますます研究対象として選択されるようになった。アーミテイジとグルディの著作が反響を呼んだのは、そうした傾向に異を唱えるものであったからである。

アーミテイジとグルディは歴史研究の細分化が大きく進行しはじめたのは一九七〇年代であったとしている。一九六〇年代までに見られた実際的な社会的有用性を求める歴史学や批判的な歴史学が、新しい世代による歴史にとって代わられたからである。この時期から新しい世代の歴史家たちは、短期的な尺度のミクロ的な歴史研究に集中するようになった。そのことによって

「(特定の制度を備えた) 学術分野として職業化されるまで、その使命はまずは教育であり、さらに改革であった。歴史学は共同体に共同体の意味を説明した。支配者が権力を行使する方向を見定めるのを

助け、その顧問たちに上司への影響力を与える方法を指南した。市民にはより大局的な観点から、現在を理解し、未来志向の行動を指導できる座標を提供した（歴史学）・・・人生の指針としての歴史学の使命は全面的になくなったわけではなかった。専門主義が増大し、大学内の歴史家が爆発的に学術書を出版したために、その目的が曖昧となり、ときに見えなくなったのである」（前掲書、一六頁）という変化が生じたのである。

そうした傾向をアーミテイジとグルディは短期主義という言葉をもちいて批判する。前述のような役割を失った歴史学への批判である。代わってアーミテイジとグルディが主張するのは、歴史学が長期的な展望を取り戻すことである。その中にはビッグヒストリーのような考えも含まれる。その根拠の一つとして挙げられているのが、コンピューターの使用である。コンピューターが従来では考えられなかったような膨大な情報を蓄積するようになったことである。

いわゆるビッグ・データという問題である。ビッグ・データは極論すれば人間を取り巻くありとあらゆるデータをその中に蓄積している。そうしたデータを利用すれば、たとえばそこに保存されている長期にわたる経済的な変動や気候の変動を分析すれば、歴史を長期的な視座から分析し、そこから有用な結論を引き出すことは可能だし、むしろ引き出すべきだというのが、アーミテイジとグルディの問題提起である。

丁寧に読めば、アーミテイジとグルディはミクロ的な個別研究を否定しているわけではない。その総合的な結びつきを主張している。しかし逆に言えば、結びつきへの視野を欠いた個別実証に歴史が陥ってきたことを強く批判する。細分化された研究は、きわめて限定された広がりしかもたない。そうしたミクロ的な個別研究が、ネット空間をとおしてきわめて詳細な史料にアプローチすることができるようになったために生じているとすれば、というより事実そうした傾向があるのだが、それはきわめてアイロニカルである。

コンピュータシステムの発展が作り出したネット世界は、巨大であるがゆえに統合的であり、また同時に巨大であるがゆえに拡散的なものでもある。その点ではいくつかの問題があるが、コンピュータシステムの発展が作り出したビッグ・データを利用すれば、歴史がかつて保持していたような社会的有用性を取り戻すことができるとアーミテイジとグルディは主張する。

第5節　共同性についての補遺──和解

そろそろ結論的な議論に入るべき時に来た。私はこの本で歴史の個人化の必要性を強調し、共同化された歴史への疑問を提示してきた。しかし、歴史を個人のレヴェルに立ち帰らせるという主張には疑問を感じる人も少なくないだろう。もし歴史が徹底的に個人的なものだとするなら、最初に記したようなヒトラーや原爆についての知識も通有されなくてもよいことになる。そのことは逆に、歴史の共同化にはどういう意味があるのかを考えさせてくれる。そのために、ここでは「和解」(reconciliation) という問題を取り上げ、歴史の共同化という問題を考えてみよう。

この問題については、ベルベル・ビーヴェルナージュというベルギーの若い歴史研究者の議論が参考になる。ビーヴェルナージュは、*History, Memory, and State-Sponsored Violence: Time and Justice*

(2012)という著作で、アフリカや南米の長く軍事独裁政権下にあった多くの国を例に、この問題を論じている。

これらの国では、多くの人々が軍事独裁政権の下でいわれなき拘束と殺害の犠牲となった。その後民主政体へと移行したこれらの国々では、過去の犯罪的行為の責任をいかに問うべきかが問題となった。新しい政治形態からすれば、独裁下で生じた殺害をはじめとした犯罪行為は、厳しく問われるべきだったからである。当然のことながら、犠牲者の直接の家族は、過去への責任を問うことを政府に求めた。抑圧の対象となった人々への親密な記憶を、個人的に保有していたからである。

しかし、圧政を恣にした独裁政権が終焉を迎えた後にとられた処置は、記憶の掘り起こしによる過去の行為に対する徹底的な断罪ではなく、忘却を交えるかたちで過去についての認識を共同化しようとする和解の試みであった。そのための委員会が政府の後押しで作られたのである。民主政体へと移行したとはいえ、旧政権への支持者がなお根強く存在している社会で、過去が徹底的に追及され続けた場合、社会の統一を維持することが困難だからである。過去を想起し続けることより、過去を忘却することの方が、安定した現実と未来を作り出すためには必要だと考えられたのである。「対立」していた過去に生じた事実を忘却し、「共同」のものとなった現在から歴史は組み立てられなければならないとされた。

和解というかたちをとる歴史の共同化は、けっして特殊なものではない。アパルトヘイトが解消した後の南アフリカにおいてマンデラ大統領によってとられたものが代表的な例である。最近の例としては、内戦が終了した後のコロンビアにおいても、反政府ゲリラ勢力との間の合意を形成するためにとられた。

歴史的には南北戦争後のアメリカで再建期においてもとられた。この和解は北部と南部の融和に寄与し、アメリカ合衆国が統一的な国家として発展することを助けた。同じ試みは、戊辰戦争後の日本にもあった。さらには第二次大戦後のヨーロッパにおいてもとられたといってよいだろう。

私たちが歴史の共同性という問題にさほどの違和感を抱かないのは、私たちの歴史認識が過去そのものにではなく、現在の社会のあり方に大きく規定されているからなのである。近代以降多くの地域において国民国家が形成された。その過程で歴史認識は差異のあるものから共同のものになった。この過程で形成された歴史認識に、現在では私たちがあまり疑いを抱くことはない。

現在の日本で自らの祖先が尊皇派であったか、佐幕派であったのかを根拠として異なる立場の人を憎悪する人はほとんどいない。浄土真宗の信徒だからといって、祖先を大量に殺戮した織田信長を憎悪する人はほとんどいない。過去の多くの事実は忘却され、和解を経て、あるいは強制的な合意を経て、形成された歴史が、現在に適合するかたちで、共同のものとして認識されるようになっている。このようなかたちで共同化された歴史は、社会をまとまりのあるものとして維持していくにあたって、有用な役割を果たしていると考えられている。歴史の共同性にはそうした意味がある。

第６節　ナショナリティとモダニティを越えて

それではなぜ私はこの本で歴史の共同性を批判したのだろうか。それはナショナリティとモダニティを媒体とした歴史の共同化には、別の意味で大きな問題があったからである。わかりやすいナショナリティの問題を最初に取り上げて議論を進めていこう。

ナショナリティと結びついた歴史にはどのような問題があったのだろうか。その最も大きな問題は、自国の正当性と優位性、それに対置するかたちで他国の不当性と劣位性を煽り立て、他国への対立を生み出すためにもちいられたことである。何よりもそうした歴史は、戦争に国民を動員するための最も有効な手段としてもちいられた。ホブズボームが二〇世紀を「極端な時代」と呼び、「国家」が人々を「国民」として動員することによって、一億人をはるかに超える殺戮が生み出された時代であったと批判したように、二〇世紀は国民国家が恐るべき暴力装置として機能した時代であった。そして暴力装置としての国家は、国家が国民の間に醸成し、共同化した歴史によって支えられた。

しかし、ドイツとフランスの例をとれば理解できるように、一九世紀から二〇世紀前半までの時代とは違って、二一世紀に入った今日、国民に対して互いの国の不正義、劣位性を教え込む歴史を保持させていくべきだと考えるのはナンセンスに近い。なぜなら今日では、ヨーロッパの大国間同士の間で国家間の戦争が行われる可能性は、まったくといってよいほど消え去ったからである。戦争の遂行を準備するために、過剰なナショナリズムにもとづく歴史意識を国民の間に作り出す必要は、現在ではまったくない。そのことは常識的に考えれば容易に理解できることのはずである。

残念ながら日本の現在的な状況は、常識とはあまりにもかけ離れたものである。そこには日本社会の政治的な、イデオロギー的状況が反映されている。国家間の戦争を行う可能性があり、その遂行を準備することが必要だという議論がいまなお横行し、ナショナリティを歴史教育の基礎に置くことが当然のことのように語られている。歴史修正主義が声高に語られているのはそのためである。

私がこの本でモダニティを批判したポストモダニズムという思想、とりわけその歴史論を取り上げたのは、根強い保守的な歴史観を打破していくには、歴史修正主義を支持するものであると議論されがちなポストモダニズムとそうした立場に立つ歴史論を取り入れていくことが、逆に歴史修正主義への有効な批判を作り出しうると考えたからである。

モダニティとナショナリティはしばしば相互補完的であった。さらには現実の社会にあって、モダニティ自体がナショナリティ同様の強固な権力性・保守性を持つものとなっている。ポストモダニズムが批判したのは、その問題である。その意味でポストモダニズムが提起した議論は、ナショナリティにもとづく歴史をなお擁護しようとするものに対する有効な批判となりうると私は考えている。

この議論にはもちろん反論がありうるだろう。仮に近代国民国家が形成されていく過程でモダニティがナショナリティと結合したとしても、モダニティが基礎をおいた諸価値、客観性・合理性・事実性、あるいは真実性といったものは、社会をより望ましいものへと変化させてきたという議論である。

しかし、そのことに問題があったのではというのが、ポストモダニズム的な思考が生み出された根拠でもある。客観性・合理性・事実性、あるいは真実性を根拠とするものは、それ自体としては批判が困難である。それゆえいったん制度化され、権力化すると批判はますます困難なものとなる。そして制度性や権力性をますます強める。その下におかれる個人から見れば、ますます抑圧的なものとなる。

だとしたら、一見普遍的な装いを持つものとして立ち現われているものをその根拠に立ち戻って、かつ一人一人の個人の立場をもとづいて考えなおしてみる、それがポストモダニズムの提示した問題なのである。そうした立場から、ポストモダニズムが個人の思考や相互のコミュニケーションの媒体である言語や表象のあり方や役割に着目し、それらの構築のされ方を批判的に議論したことは、この本で紹介したとおりである。

モダニティはけっして価値中立的なものではない。そのなかには肯定されてよい価値も多く含まれていたが、同時にモダニティは明らかに欧米を中心とした世界秩序を背景に、それが生み出した価値によって推進された。進歩や文明化という言葉は、近代化のメルクマークであると同時に、同時に非欧米的な世界を、政治的に、経済的に、そして文化的に、さらには軍事的に、統合する役割を果たした、あるいはそれらを周縁化する役割を果たした。

このことはヨーロッパ中心主義を鋭く批判したポストコロニアルな思想を借りずとも、日本の近代化の過程をたどれば容易に理解できるだろう。日本が近代国家として形成される過程は、文字通りモダニティを媒体としてナショナリティが確立されていく過程であった。文明開化、脱亜入欧という言葉に端的に象徴されるように、その過程は欧米的なものを規範化する一方で、アジア的なものを非文明的なものとして排除していく過程であった。アジアに対する優越感はこうしたなかで醸成された。現在にも連なるアジアへの差別意識は、ナショナリティがモダニティと結合することによって生じたものなのである。こう考えれば、より普遍的なものを目指しているとされるグローバリティへの同化の中に、ナショナリティの影を見出すことは、それほど難しいことではない。

私がこの本をとおして、ナショナリティによる歴史の歪みを批判する一方で、ポストモダニズムの主張を借りて、モダニティを枠組みとする歴史を合わせて批判したのはこのためである。モダニティを枠組みとする歴史は、とりわけいわゆる学問的な歴史は、事実性、客観性、実証性にその根拠を置いている。しかし、それがナショナリティにも枠づけられたものであることは、日本においてのみ成立している、日本人という読み手を基本的には対象とした日本史のあり方、モダニティに固有なハイアラーキーによって成り立っている外国史のあり方を見れば理解することができる。

歴史についての知は秩序化され、普通の人々の過去認識は、そこではきわめて低い位置におかれるか、あるいはその外部へと排除されている。しかし、過去認識というのは、本来は誰もが平等にもつものではないのだろうか。そうした問題を考えるために、私たちはモダニティやナショナリティという枠組みから離れたところで個人個人に立ち返り、私たちの、というより「私」の、思考を組み立てていく必要があるのではないだろうか。

第7節　結論として

最後に結論のようなものを、これまでの議論を整理するかたちで書いておこう。議論が多岐にわたって理解しにくいところがあったかもしれないが、この本での私の主張はきわめてシンプルなものである。歴史を所与のものとしてではなく、個人個人によって差異のあるものとして考えてみようということである。このように個人を起点として歴史を考えるという議論は、これまでの多くの歴史論と比較すると特異なものかもしれない。しかし、歴史の意味は、つまるところは個人個人が生きている間に過去をどのように認識するのかということにある、と私は考えている。

この議論を受け入れると、過去の事実は、解釈ばかりでなく、その実在もまた、個人個人の認識によって差異のあるものとなる。あったことでも、なかったものともなる。知らないということが、あるいは知ろうとしないことが、過去の実在そのものをも抹殺してしまうことにもなる。この問題は、この本で取り上げたホロコーストや南京虐殺事件の抹殺という問題につながる。しかし、私はあえてその問題に踏み込んでみた。それは、歴史修正主義への従来の批判が本当に有効なものでありえたのか、という問いからである。

かつての歴史修正主義論争で批判的議論がその軸としたことは、多くの実際的歴史研究者がそこに論点を置いた歴史の事実性の問題であり（このためポストモダニズム的議論はむしろ批判の対象として看過された）、ナショナルなものを枠組みとした倫理的批判の構築であった。そのそれぞれに論理的正当性はあった。しかし、それが実際的なレヴェルで大きな有効性をもちえなかった理由は、おそらくは一人一人によって過去認識は異なるという、多くの人々の常識に対応していなかったからだろう。

そのことが、ネット空間の出現という個人個人の主観的なものが前景化した時代において、批判が劣位に追いやられるようになったことの理由ではないのだろうか。ネット空間は確かにフェイクニュースが満ち溢れる空間である。意図的な操作的情報が徘徊している。しかし、そこでは個人個人が前景化していること、そのことを忘れてはならない。だとしたら、個人個人を説得する議論が何よりも必要なはずである。そのことを欠けば、どんな批判も有効ではない。事実という権威をもって、学生の答案に不可をつけるようにはいかない。それが、私がこの本を書いた理由である。

そのために私は、歴史修正主義に与するものとして、日本では無視されがちであったポストモダニズムの立場に立つ歴史論が問題としてきたことを、社会構築主義の理論の提示した問題と合わせて考察することによって、それが現在的な有効性をもつものであることを論じることを試みた。その際に基本的な議論の軸としたことは、歴史を記憶、物語との関係から論じることである。なによりも共同的なものに対して、個人的なものを対置することである。普通の人々の立場に立つことである。

この本を書くにあたっていろいろな文献を読んで私が感じたことは、正直に言えば、歴史修正主義や歴史・記憶・物語という問題をテーマとする多くの議論が、ややもすると議論を自己目的化した、「学者」的なものに終始していることである。たとえば歴史が物語であるということが論理的に論じられうるものであるとしても、その実際的な意味は一体どういうところにあるのだろう。歴史修正主義への批判にしても同じである。批判は「学問的」なレヴェルで論理的であれば、事足れりというわけではない。あくまでも議論の有効性は、その実際性によって検証されるべきである。歴史の物語論が広まるにあたって大きな役割を果したヘイドン・ホワイトがあらためて「実用的な過去」を論じているのも、これもまたこの本で論じたように、状況への批判が、たんに論理的なレヴェルにとどまらず、普通の人々の常識にもとづいた有効なものでなければならない、と彼が考えているためだろう。歴史の物語論というのは、本来はそうした批判的な問題意識を前提に提示されたものだと私は考えている。

ここ十年ほどはいくつかの理由があって、この本がテーマとした歴史理論の問題にコミットすることになったが、私は基本的には生涯を実際的な歴史研究者として過ごしてきた。その基本的な動機は、過去のことを知りたいという好奇心からである。職業としては、知ったことを「人に伝える」ことが「義務」ではあったが、それでも基本的には、個人として過去のことを知りたいということが歴史への動機である。多くの人にとってもそれは同じだろう。私がこの本を結ぶにあたって、具体的な今後の歴史研究の可能性として、ファミリーヒストリー、パブリックヒストリー、ビッグヒストリーというアプローチを例示したのも、そうしたものに、個人からの歴史へのアプローチをより意味あるものとするものを、感じるからである。そしてこれまでの歴史学が見落としてきたものを、見出せるからである。さらにはナショナリティやモダニティからは遠く離れた歴史の可能性を、感じるからである。

はたしてそう断定しきってよいかには議論の余地があるが、人間は地球上の生命体の中で、膨大な過去を知的に認識できる唯一の存在である。歴史や過去認識は不要であると断言することはできる。しかし、それは理屈の上でしかない。なぜならいかに断言しようとも、すべての人は何らかの過去認識を抱いていているからである。過去を知りたいという気持ちを抱いているからである。記憶として、そして歴史としてである。だとしたら、そうした個人個人の過去認識を豊かなものにしていけばよい。ただそれだけのことである。そのことが一人一人が生きていることを、生きていたことを意味付けるとまでは言わないまでも、豊かにするからだ。そして歴史を寡占し、恣意的に統制し、そして悪用しようとするものに対する有効な批判を構築しうるものとなるからだ。

個人個人によって過去の認識が異なるのは、むしろ当然のことである。そのことはけっして否定的なことではない。歴史認識が相対的であることに問題があるわけではない。問題は、その認識が個人の日常的な確実な経験をふまえながら、論理的なものとして、倫理的なものとして営まれているかということである。そうした営みが、はじめて経験も立場も異なる人々を、認識や解釈が異なる人を、説得しうるものとなる。

この本で私は歴史の構築性を論じ、歴史への様々な懐疑が成り立つことを論じながら、一貫して南京虐殺事件という言葉をもちいた。それは私が主体的に、自分の責任において選び取ったものだからである。そしてそうした主体的な責任は、歴史研究者ではなくてもすべての人が選び取れるものである。

歴史研究者として過ごしてきた私は、歴史研究者に何らかの役割があるとすれば、それは個々人が自らで引き受ける過去への認識を、理知的で豊かなものとすることを助けることにあると考えている。もちろんこの理知的なという言葉は、私がこの本で繰り返し論じてきたように、権威の側に立ち、人々を差異化し、知的な上下関係に置くことを意味するものではない。人々がそれぞれにとっての過去を平等に認識しあい、互いへの理解を深めあっていくための知のあり方を示す言葉である。

歴史はけっして人々を支配し、抑圧し、差別することを助けるものであってはならない。一人一人の人生を豊かにするものであればよい。そうした常識的なことが多くの人に受け入れられるものであってほしいと思い、私はこの本を書いた。

あとがき

私にとっては二五年ほど前に書いた『国境のない時代の歴史』（近代文芸社、一九九三年）に続く歴史にかかわる理論的な問題についての二冊目の書き下ろしである。『国境のない時代の歴史』もそうだったが、今回も講義の内容をまとめたものである。しかし、もともとは新書的なものとして書かれた『国境のない時代』と比較して、この本は内容がかなり広い範囲におよび、歴史学だけではなく哲学や社会学における議論を含んでいるため、読者によっては難解に感じるところがあるかもしれない。しかし、この本で私が試みたことは、議論を専門的研究者の間のものとしてとどめずに、多くの読者に理解できるようなかたちで提示することである。なぜなら問題とされていることは、普通の人々の立場から歴史を考えるということだからである。歴史が、普通の人々が個々に抱く記憶の問題との関連で論じられているのはそのためである。

とはいえ議論はかなり専門的な内容に及んでいる。基本的な歴史理論から史学史的な問題、さらにはいわゆるポストモダニズムや社会構築論が提起した問題までもが対象とされている。そうした問題を取り上げた理由は、本書を一読すれば理解してもらえるように、現在の政治状況において、執拗に繰り返されている歴史修正主義的な主張に対する有効な批判はどのようなかたちで行いうるのかということが、この本が書かれた大きな動機だからである。

過去認識が個々人によって異なるものであってよいとするなら、そこで生じる問題は歴史の相対性という問題である。そして歴史の相対性という考えは、保守的な歴史修正主義の根拠とされたとしばしば考えられてきた。というより、歴史修正主義者たちは、歴史の相対性をその主張の最大の根拠としてきた。そこには大きな論理的矛盾がある。なぜなら、歴史は国民によって共有されるものでなければならないと彼らは一方では論じるからである。けっして個人個人によって歴史が相対的であってよいと論じられているわけではない。その意味では、歴史を個人化することが、ナショナリティに歴史を依存させようとする歴史修正主義的な思考への有効な批判となると私は考えた。

同時に私がこの本で批判的に論じたのは、より以上の統合性をもつモダニティに支えられた歴史意識である。この本で紹介したように、それに対してはポスモダニズム的な立場に立つ論者によって、基本的な批判が加えられてきた。その代表的なものがこの本でもふれた、そしてこの本に合わせるかのように、いくつかの基本的な著作が相次いで訳出されたヘイドン・ホワイトによるものである。

ヘイドン・ホワイトの現在的意味、別の言い方をするとポストモダニズムの側からの従来の歴史論への批判の「現在的」意味は、『メタヒストリー』とホワイトの主要論文集『歴史の喩法』の訳出に合わせて書かれた長谷川貴彦、鹿島徹のそれぞれの書評（『図書新聞』二〇一七年一二月一六日号）において、適切に論じられている。

その要点は、ホワイトが一九七〇年代以降に行ってきた問題提起を見落とすかたちで個別実証に歴史学が陥ったことによって、歴史が広い空間的、時間的な視野を失い、現実への問いを欠落させるようになっていること（長谷川）、一九九〇年代の歴史修正主義に対する活発な批判的論争が、結局は主流の歴史学からは黙殺されて、以降歴史および歴史理論の存立基盤をめぐる論争がほとんど行われていないこと（鹿島）への批判が、あらためてモダニティに依存し、実証へと沈潜しがちな歴史学への問いを生み出しているということである。

ホワイトの訳出された著作への関心が、予想を超えた大きな反響を生み出しているのも、現在の状況への問いかけが、とりわけ若い人々の間にあるためだろう。この本もまた同じような問いかけにもとづいて書かれたものである。その試みが成功したかはわからないが、そうした問いかけに対して、多少なりとも答えられているとしたら、筆者の意図は果たされていることになる。

なおこの本を書くにあたっては、多くの方々の議論を参考にさせていただいた。とりわけ参考としたのは、上野千鶴子、上村忠男、大森荘蔵、笠原十九司、片桐雅孝、加藤典洋、坂本多加雄、千田有紀、高橋哲哉、野家啓一、長谷川貴彦、秦郁彦、藤原帰一、保苅実、テッサ・モーリス＝スズキ、渡辺寛らの諸氏の議論である。また文中に記したように、多くの海外の研究者の論稿を参考にさせていただいた。

読者の便を考えて、邦文で利用可能なものについては引用書名を記し、あわせて長文の引用には該当頁を付記したが、行論の都合上省略されたものも少なくないことをここでお詫びしたい。なお海外の研究者の議論の紹介に関しては、邦訳のあるものについては基本的には訳者に敬意を表して、既に刊行されている訳文にしたがった。また常に議論になる海外の研究者の人名表記については、これも代表的な著作の刊行の際にもちいられた表記に基本的にしたがった。多く登場する専門用語の訳についても、読者の混乱を避けるために、基本的には先行訳にしたがっている。

最後に、この本を書くにあたってその論考を参考とさせていただいた方々、ならびに出版の機会を与えていただいた御茶の水書房の橋本盛作社長、校正をはじめとした出版上の技術的問題を助けてくれた渡辺賢一郎さん、原稿の点検をしていただいた鹿島徹、小野寺拓也、内田力さんにあらためて謝意を表したい。

人名索引

(あ行)

アインシュタイン、アルベルト (Einstein, Albert)
141
アウエルバッハ、エーリヒ (Auerbach, Erich)
136
アウグスティヌス (Augustinus, Aurelius)
156
アクトン、ジョン (Lord Acton, Acton, John Emerich Edward Dalberg)
110,114,213
アスマン、アライダ (Assmann, Aleida)
191-194
アスマン、ヤン (Assmann, Jan)
191
アーミテイジ、デイヴィッド (Armitage, David)
250-253
アミン、イディー（Amin, Idi）
36
アリストテレス (Aristoteles)
155
アルヴァクス（アルブヴァクス）、モーリス (Halbwachs, Maurice)
168-171,173,191-192,195-196
アーレント、ハンナ (Arendt, Hannah)
26,56-57
アンカースミット、フランク (Ankersmit, Frank)
133-135
アンダーソン、ベネディクト (Anderson, Benedict)
236
アンダーソン、ペリー (Anderson, Perry)
60,62
アントワネット、マリ (Antoinette, Marie)
128
イェッケル、エーバーハールト（Jäckel, Eberhard）
36-37
石射猪太郎
44
市村弘正
56
岩崎稔
128
ヴィダル＝ナケ、ピエール (Vidal-Naquet, Pierre)
28-29,31,52-53
ヴィンデルバント、ヴィルヘルム（Windelband, Wilhelm）
116
ウィンドシャトル、キース（Windshuttle, Keith）
203-210,217-218, 223-224
上野千鶴子
66-68
上村忠男
56,64-65,136
ウォルシュ、ウィリアム・ヘンリー (Walsh, William Henry)
132-133
エヴァンズ、リチャード (Evans, Richard, J.)
218-224
エルトン、ジェフリー・ルドルフ (Elton, Sir Geoffrey Rudolph)
110
大森荘蔵
155-158,162,166,186
オークショット、マイケル (Oakeshott, Michael)
110,149

織田信長
255
オベーセーカラ、ガナナート
(Obeyesekere, Gananath)
206-207

（か行）

カー、E・H (Carr, Edward Hallet)
71,110,114-115,213
ガーゲン、K・J (Gergen, Kenneth J.)
183-184
笠原十九司
45
カーソイズ、アン (Curthoys, Ann)
209-216
カーター、ポール (Carter, Paul)
205,207-208
片桐雅隆
167-168,172,186
加藤典洋
50
カミュ、アルベール (Camus, Albert)
143-144
ガリレイ、ガリレオ (Galilei,Galileo)
113
カルヴァン、ジャン (Calvin, Jean)
135
河本英夫
124
ガンディー (Gandhi)
113
カント、イマヌエル (Kant, Immanuel)
134
ギアツ、クリフォード（Geertz, Cliford）
62
キリスト (Christ)
11
ギンズブルグ、カルロ (Ginzburg, Carlo)
62-65,68,223
クック、ジェイムズ (Cook, James)
207
クリステヴァ、ジュリア (Kristeva, Julia)
91
クリスチャン、デヴィッド (Christian, David)
247
クルーズ、トム (Cruise, Tom)
131
クルッツェン、パウル (Crutzen, Paul Joseph)
249
グルディ、ジョー (Guldi, Jo)
250-253
グルート、ジェローム・デ (Groot, Jerome de)
245
クレンディネン、インガ
(Clendinnen, Inga)
204-205
クローチェ、ベネデット (Croce, Benedetto)
62,115,126,140,213
クーン、トマス (Kuhn, Thomas)
106,204
ゲッベルス、ヨーゼフ (Goebbels, Paul Joseph)
29
好太王（広開土大王）
64
コッカ、ユルゲン (Kocka, Jürgen)
36
コナトン、ポール (Connerton, Paul)
187-190
小林英夫

80
コリングウッド、ロビン・ジョージ (Collingwood, Robin George)
115,190,213
コロンブス、クリストファー (Columbus, Christopher)
49

(さ行)
サイード、エドワード (Said, Edward W.)
238
サウスゲイト、ベヴァリー (Southgate, Beverley)
17
坂本多加雄
25-26,39-40
サービン、テッド (Sarbin, Theodore Roy)
183-184
サルトル、ジャン・ポール (Sartre, Jean-Paul)
143-144,152
ジェイムズ、ウィリアム (James, William)
103
ジェンキンズ、キース (Jenkins, Keith)
142-143,223
ジェンティーレ、ジョヴァンニ (Gentile, Giovanni)
62
昭和天皇
4
スコット、ウォルター (Scott, Sir Walter)
211-212
スコット、ジョーン (Scott, Joan W.)
238
鈴木明
42
スターリン、ヨシフ (Stalin, Joseph)
28,32,34
スティードマン、キャロライン (Steedman, Carolyn)
242
スピロプロウ、アンゲリキ (Spiropoulou, Angeliki)
149
セニョボス、シャルル (Seignobos, Charles)
109,197
千田有紀
67
ソクラテス (Sokrates)
85
ソシュール、フェルディナン・ド (Saussure, Ferdinand de)
74-81,87,107

(た行)
ダイアモンド、ジャレド (Diamond, Jared)
248
ダーウィン、チャールズ (Darwin, Charles Robert)
104
高橋哲哉
30-31,56-57
田中正明
42
ダント、アーサー (Danto, Arthur C.)
121-124,126-127,133,137,158,162
チエリ（ティエリ）、オーギュスタン (Thierry, Jacques Nicolas Augustin)
197
チャーチル、ウィンストン (Churchill, Sir Winston)
i,5,17,199
チョムスキー、ノーム (Chomsky, Avram Noam)

20,31
デイヴィス、ナタリー (Davis, Natalie Z.)
232
オニス、フェデリコ・デ (Onis, Federico de)
72
デカルト、ルネ (Descartes, René)
89
デニング、グレグ (Dening, Greg)
204,206
デューイ、ジョン (Dewey, John)
103
デリダ、ジャック (Derrida, Jacques)
62,85-90,93-96,98,230
トインビー、アーノルド (Toynbee, Arnold)
112
トゥキディデス (Thucydides)
211,215
東條英機
199
ドカー、ジョン (Docker, John)
209-216
トクヴィル、アレクシス (Tocqueville, Alexis-Charles-Henry Clérer de)
126,140
ドストエフスキー、フョードル (Dostoyevsky, Fyodor Mikhailovich)
211
ドマンスカ、エヴァ (Domańska, Ewa)
144,224,229
トルストイ、レフ (Tolstoy, Lev Nikolayevich)
211

（な行）

ナラムシン (Naram Sin)
122
ニーチェ、フリードリヒ (Nietzsche, Friedrich)
102-103, 126,140
野家啓一
57,162-164,167,186,225
ノラ、ピエール (Norra, Pierre)
194-198
ノルテ、エルンスト (Nolte, Ernst)
32-35,38

（は行）

バー、ヴィヴィアン (Burr, Vivien)
183-186
ハイデガー、マルティン (Heidegger, Martin)
62,88-89,144
パウル、ヘルマン (Paul, Herman)
144,246
バーガー、ピーター・ラドウィッグ (Berger, Peter Ludwig)
177-179,181-183,186
バーク、ピーター (Burke, Peter)
226,232,245
長谷川貴彦
238
秦郁彦
40-43,47-48,50
パートナー、ナンシー (Partner, Nancy)
246
ハーバーマス、ユルゲン (Habermas, Jürgen)
32-33,37-38
バフチン、ミハイル (Bakhtin, Mikhail M.)
211
ハラリ、ユヴァル・ノア (Harrari, Yuval Noah)

248-249
ハーラン、デヴィッド (Harlan, David)
219
バルト、ロラン (Barthes, Roland)
81-84,92,98,230
ハント、リン (Hunt, Lynn)
238
ピアジェ、ジャン (Piaget, Jean)
167
ビアード、チャールズ・オースティン (Beard, Charles Austin)
213
ビーヴェルナージュ、ベルベル (Bevernage, Berber)
253
ピカソ、パブロ (Picasso, Pablo)
141
ヒトラー、アドルフ (Hitler, Adolf)
ⅰ,5,17,28,30,33-34,36,199,241,253
ピヒライネン、カレ (Pihlainen, Kalle)
246-247
ヒムラー、ハインリヒ (Himmler, Heinrich Luitpold)
25
ビュアリ、ジョン・バグネル (Bury, John Bagnell)
213
平泉澄
146
ヒルグルーバー (Hillgruber, Andreas)
34-35,38,60-61
ヒルデブラント、クラウス (Hildebrand, Klaus)
33-35,38
フェーブル、リュシアン (Febvre, Lucian)
120
フェリペ三世 (Felipe Ⅲ)
122
フェルマン、ショシャナ (Felman, Shoshana)
56
フォリソン、ロベール (Faurisson, Robert)
31
フーコー、ミシェル (Foucault, Michel)
98-103,127,204
藤岡信勝
51
藤原帰一
19-20
フット、サラ (Foot, Sarah)
246
プラトン (Platon)
85
フランク、アンネ (Frank, Annelies Marie)
8
フリードランダー、ソール (Friedlander, Saul)
59
プリンス、ジェラルド (Prince, Gerald)
160
ブルクハルト、ヤーコプ (Burckhardt, Jacob)
126,140
プルースト、マルセル (Proust, Marcel)
141,152
ブルーマー、ハーバート・ジョージ (Blumer, Herbert George)
174
ブレア、トニー (Blair, Anthony Charles Lynton)
5
ブローデル、フェルナン (Braudel, Fernand)
119

ヘーゲル、ゲオルク・ヴィルヘルム・フリードリヒ (Hegel, Georg Wilhelm Frierich)
126,140
ベッカー、カール (Becker, Carl Lotus)
115,213
ベル、ダニエル (Bell, Daniel)
226
ベルンハイム、エルンスト (Bernheim, Ernst)
109
ヘロドトス (Herodotus)
211-212
ベンジャミン、クレイグ (Benjamin, Craig)
247
ヘンペル、カール (Hempel, Carl G.)
116
ベンヤミン、ヴァルター (Benjamin, Walter)
56
保苅実
201-203,209,246-247
ボードリヤール、ジャン (Baudrillard, Jean)
230
ホブズボーム、エリックＪ・Ｅ (Hobsbawm, Eric J.E.)
256
ホブソン、ジョン・アトキンソン (Hobson, John Atkinson)
112
ホフマン、ダスティン (Hoffman, Dustin)
59
ボルヘス、ホルヘ (Berges, Jorge Francisco Isidoro)
99
ポル・ポト (Pol Pot)
36
ホワイト、ヘイドン (White, Hayden)
60-62,97,126-134,136-146,148-150,203,211,217,223-225,227-229,246,261

（ま行）

マクニール、ウィリアム (McNeil, William H.)
248
マルクス、カール (Marx, Karl)
126,128,140,203
マンズロウ、アラン (Munslow, Alun)
108,213
マンデラ、ネルソン・ホリシャシャ (Mandela, Nelson Rolihlahla)
254
ミシュレ、ジュール (Michelet, Jules)
126,140
ミード、ジョージ・ハーバート (Mead, George Herbert)
167,174
ミンク、ルイス (Mink, Louis O.)
124-125
メルロ＝ポンティ、モーリス (Merleau-Ponty, Maurice)
80
モーリス＝スズキ、テッサ（Morris-Suzuki, Tessa）
232-233

（や行）

柳田国男
163

（ら行）

ライクマン、ジョン (Rajchman, John)
102

ライアン、リンダル (Rian, Lyndall)
209
ラスィニエ、ポール (Rassinier, Paul)
27
ラスカサス、バルトロメ・デ (las Casas, Bartolomé de)
49
ラブレー、フランソワ (Rabelais, François)
120
ラーベ、ジョン (Rabe, John Henrich Detlef)
44
ラング、ベレル (Lang, Berel)
60,62
ラングロア、シャルル (Langlois, Charles V.)
109
ランケ、レオポルト・フォン (Ranke, Leopold von)
110,114,126,140,211-213
ランズマン、クロード (Lanzmann, Claude)
52
リオタール、ジャン＝フランソワ (Lyotart, Jean-François)
96-98
リクール、ポール (Ricoeur, Paul)
219
リッケルト、ハインリヒ (Rickert, Heinrich John)
116
リード、ジョン (Reed, John “Jack” Silas)
230
リプシュタット、デボラ・E (Lipstadt, Deborah Esther)
221-222
リーン、デビット (Lean, David)
4
ルイ一六世 (Louis XVI)
135
ルソー、ジャン・ジャック (Rousseau, Jean-Jacques)
93-94,136
ルター、マルティン (Luther, Martin)
135
ルックマン、トーマス (Luckmann, Thomas)
177-179,181-183,186
ル＝ロワ＝ラデュリ、エマニュエル (Le-Roy-Ladurie, Emmanuel)
121
レヴィ＝ストロース、クロード (Lévi-Strauss, Claude)
77,79-80
ロイド、クリストファー (Lloyd, Christopher)
247
ローウェン、ジェームズ・W (Loewen, James William)
49-50
ロストウ、W・W (Rostow, Walt Whitman)
118
ローゼンストーン、ロバート (Rosenstone, Robert)
230-232,242
ローティ、リチャード (Rorty, Richard)
103-107
ロベスピエール、マクシミリアン (Robespierre, Maximilien F.M.I. de)
136

著者紹介
岡本充弘（おかもと・みちひろ）

1945年生まれ
東京大学文学部卒業、同人文科学系大学院博士課程単位取得退学
東洋大学名誉教授
専攻：イギリス近代史、歴史理論など

主要著訳書：
『国境のない時代の歴史』（近代文芸社、1993年）
『開かれた歴史へ――脱構築のかなたにあるもの』（御茶の水書房、2013年）
共編著『歴史として、記憶として――「社会運動史」1970～1985』（御茶の水書房、2013年）
共編著『歴史を射つ――言語論的転回・文化史・パブリックヒストリー・ナショナルヒストリー』（御茶の水書房、2015年）
訳書：
キース・ジェンキンズ『歴史を考えなおす』（法政大学出版局、2005年）など

過去《かこ》と歴史《れきし》――「国家《こっか》」と「近代《きんだい》」を遠《とお》く離《はな》れて――

2018年2月20日　第1版第1刷発行

著　者　岡　本　充　弘
発行者　橋　本　盛　作
発行所　株式会社御茶の水書房
〒113-0033　東京都文京区本郷5-30-20
電話　03-5684-0751

Printed in Japan

ISBN978-4-275-02088-8 C3020　　印刷・製本　（株）平河工業社